一日一麵食

一日一麺食

1일 1면식

이 책은 한 가닥의 면발도 소중히 여기는 '동아시아 면류학회' 페이스북 페이지 회원 여러분들께서 제공해주신 소중한 면식 사진들로 만들어졌습니다. 사진 사용을 허락해주신 분들께 감사의 마음을 전합니다.

이 책을 만드는 데 도움을 주신 분들(가나다 순)

winbee 김문정 김성기 김정 김찬봉 김혜리 노세영 무명 박재현 설희아 성호형 신태기 종이달 안상선 양소희 이순난 이연숙 이요훈 이재우 최우혁 허영택 형성호 홍선기 홍정희

1일 1면식

초판 발행 2021년 6월 18일

지은이 길정현 펴낸이 이성용 책임편집 박의성 책디자인 책돼지

펴낸곳 빈티지하우스 주소 서울시 마포구 성산로 154 407호(성산동, 충영빌딩)

전화 02-355-2696 팩스 02-6442-2696 이메일 vintagehouse_book@naver.com

등록 제 2017-000161호 (2017년 6월 15일) ISBN 979-11-89249-53-3 03900

국수 한 가닥에서
건져 올린
뜻밖의 인문학

1 일 1 면 식

세상에서
제일 맛있는
인문학 이야기

길정현
지음

빈티지하우스
VINTAGE HOUSE

우울할 땐 울면:
탄수화물이 우리의 두뇌에
미치는 마법

울면은 중국의 '원루미엔(溫滷面)'에서 유래했다. 원루미엔이 어쩌다 '울면'이 되었는지는 누구도 정확히 알지 못한다. 한국에 건너온 화교들 중 다수가 산둥성 출신인데, 산둥성 사투리가 반영되면서 그렇게 되었을 것이란 이야기가 있긴 하지만 그 또한 정확치 않다. 닭을 나타내는 한자 '계(鷄)'의 경우 표준 중국어 발음은 '지'가 맞으나 산둥성 사투리로는 '기'여서 '깐풍기', '유린기'가 된 것은 상대적으로 확실하지만.

　게다가 울면은 그 유명세에 비해 잘 알려진 음식도 아니다. 울면을 실제로 먹어본 사람도 생각보다 적어 정확히 어떤 음식인지 잘 모르는 경우가 많고, 심지어 제대로 만드는 중국집도 적다. 대강 설명하자면 울면은 고춧가루를 넣지 않은 '하얀' 짬뽕과 거의 흡사한데, 하얀 짬뽕과 달리 국물에 녹말을 왕창 푼 요리다. '녹말'이라고 썼지만 우리에게 좀 더 익숙한 단어로 하자면 '전분'이다.

전분은 주로 국물이나 소스의 점도를 높이거나 면이나 떡 등에서 쫄깃하고 찰진 식감을 내기 위해 사용한다. 원료 작물이 무엇인지에 따라 감자 전분, 고구마 전분, 옥수수 전분 등으로 나누는데, 옥수수 전분은 콘스타치corn starch라는 별도의 이름으로 불리기도 한다.

어떤 전분이든 전분이 요리에서 해내는 역할은 대개 비슷하지만 그 성질에는 조금씩 차이가 있어 상황에 맞게 잘 골라 쓰는 요령이 필요하다. "전분 종류가 많은데 어떤 전분을 써야 하나요?" 만큼이나 "전분 대신 밀가루 써도 되나요?" 하는 질문도 온라인상에 꽤 많이 보이는데, 이 질문에 대한 답은 케바케. 한복을 다릴 때 밀가루 풀을 먹이거나 도배할 때 밀가루 풀을 쑤어 쓰는 것에서 알 수 있듯 밀가루에도 끈적거리는 성질이 있어 국물이나 소스를 걸쭉하게 만들 수는 있다. 때문에 써도 상관은 없지만 밀가루는 대개 버터와 함께 볶아 '루roux'를 만든 후 이 루를 활용하는 경우가 많다.

스프의 농도를 맞추거나 베사멜 소스, 알프레도 소스 등을 만들 때 루가 들어가는데, 전분을 넣은 소스와 걸쭉한 느낌은 비슷할지 몰라도 식감이나 색에서 차이가 크다. 즉, 본래 전분을 써야 할 요리에 밀가루를 쓰거나 반대로 밀가루를 써야 할 요리에 전분을 쓰게 되면 어딘지 모르게 어색하고 잘 어울리지 않는 결과물이 나온다.

울면 외에도 마파두부, 탕수육 등 중국 음식치고 전분이 들어가지 않는 음식은 은근 드물지만 울면의 국물은 걸쭉하다 못해 이걸 국'물'이라고 할 수 있나? 소스나 젤리가 아닌가? 헷갈릴 만큼 되직하다. 각종 해산물과 야채, 달걀 등이 건더기로 들어가지만 어쨌든 면은 면이니 탄수화물, 국물은 녹말 덩어리이니 이 또한 탄수화물이다. 일명 탄수화물 폭탄!

요즘 탄수화물은 비만의 원흉이자 건강의 적인 양 맹렬히 공격받고 있지만 문제는 그렇게 간단하지 않다. 이는 탄수화물과 관련된 인체의 기전이 몹시 복잡하기 때문. 탄수화물을 섭취하면 혈당이 오르고, 혈당을 낮추기 위해 췌장에서 인슐린이 분비된다. 인슐린은 혈당 수치를 낮추기도 하지만 '트립토판tryptophan'이라는 물질을 두뇌로 운반하기도 하는데, 트립토판은 신경전달물질의 일종이자 행복 호르몬으로 불리는 '세로토닌serotonin'으로 전환되는 물질이다. 이러한 물질은 저장해놓고 필요할 때 꺼내 쓸 수 있는 것이 아니라 그때그때 만들어야 하는데, 그게 잘 안 될 때는 외부에서 탄수화물이 투입되어야 한다.

즉, 단것이 당기는 상태가 되는 것이다!

그런데 여기서 말하는 '단것'이란 인슐린을 분비시키는 '진짜 탄수화물'만 해당된다. 에리스리톨, 스테비아 등 설탕을 대체하는 감미료들은 입에서만 설탕 같을 뿐, 체내에서 인슐린을 분비시키지 않는 것들이라 세로토닌 생성에는 도움을 주지 못한다.

사람은 신체의 건강함과 날씬한 몸매로만 사는 것이 아니라 행복하고 너그러운 기분으로도 산다. 다이어트를 하는 사람들이 대개 신경이 날카로워지는 데에는 분명 이전보다 탄수화물의 섭취량이 줄어든 것, 그에 따라 평소보다 세로토닌 수치가 낮아지는 것과 관련이 있다. 내가 친구들과 우스갯소리로 하는 소리 중에 "인격이 훌륭한 사람 중 뱃살이 없는 사람은 없다", "뱃살을 잃고 인간관계도 잃었다" 등이 있는데 결국 이것도 다 탄수화물 섭취와 관련된 얘기다.

세로토닌은 쾌락을 담당하는 도파민, 스트레스성 반응을 관장하는 노르아드레날린 사이에서 교묘하게 줄타기를 하며 너무 흥분되지도, 우울하지도 않게 정서적 안정감을 유지시켜주는 존재다. 세로토닌이 즐거움 혹은 기쁨 호르몬이 아니라 행복 호르몬으로 불리는 이유가 여기에 있다. 누군가에게 첫눈에 홀딱 반해 사랑에 빠진 느낌, 새로운 무언가를 성취한 순간 드는 짜릿함도 좋지만 사람이 일상생활을 하며 그런 기분을 오래 간직하기는 쉽지 않다. 그보다는 방해받지 않는 기분, '넌 이제 평온하고 안정적인 상태다'가 행복에 가까울 텐데, 세로토닌은 우리가 이런 기분을 느끼게 해준다. 다른 말로 하면 평정심을 제어한다 하겠다.

내친 김에 탄수화물에 대해, 그리고 울면 국물의 질감을 좌지우지하는 존재인 녹말에 대해 더 알아보자. 단백질, 지방과 함께 인간의 3대 에너지원 중 하나인 탄수화물은 그 구조에 따라 단당류, 이당류, 다당류로 나뉜다. 더 이상 분해될 것이 없는 가장 작은 구조의 당은 단당류, 단당류가 두 개 모이면 이당류, 많이 모이면 다당류로 정의되는데, 단당류 중 가장 대표적인 당은 포도당, 이당류는 설탕, 다당류는 녹말과 식이섬유를 들 수 있다.

　대부분의 식물은 광합성을 통해 합성한 에너지를 녹말의 형태로 저장한다. 따라서 우리가 주식으로 섭취하는 쌀, 밀, 옥수수, 감자 등은 다당류인 녹말이라 볼 수 있는데, 사람의 경우 침, 췌장액, 소장액 속에 다당류를 분해할 수 있는 '아밀라아제'라는 효소가 포함되어 있어 녹말을 포도당으로 분해시킨다. 과학 시간에 한 번쯤 들어봤을 "밥을 오래 씹으면 단맛이 난다"는 말은 침 속의 아밀라아제가 다당류를 단당류로 분해한다는 가장 확실한 증거이겠으나 나를 비롯해 주변의 그 누구도 그렇게까지 밥을 오래 씹어본 경우는 없어 정말 단맛이 나는지 확인은 해보지 못했다.

　탄수화물 중에서도 녹말이 특히 흥미로운 물질인 이유는 다일레이턴시dilatancy 현상을 일으키기 때문이다. 다일레이턴시 현상이란 비(非) 뉴턴 유체가 순간적으로 강한 압력을 받으면 일시적으로 점성이 높아져 고체처럼 단단해지는 것을 말한다. 쉽게 말해 '어떤 유체는 힘이 가해지는 정도에 따라 액체도 될 수 있고 고체도 될 수 있다'는 뜻인데, 이게 대체 뭔 소린가 싶다면 이렇게 생각해보자. 사람이 물 위를 걸을 수 있는 방법이 있을까? 이쪽 발이 빠지기 전에 얼른 저쪽 발을 옮기면 될까? 이 소리는 마치 애들을 놀리기 위해 하는 장난 같은 소리 혹은 넌센스 퀴즈처럼 들리지만 다일레이턴시 현상을 활용하면 이런 일이 진짜 가능하다. 녹말을 물에 진하게 풀어 꾸덕한 녹말물을 만든 뒤 그 위를 달리거나 심지어 덤블링을 하는 영상 등은 유튜브에 굉장히 많이 소개되어 있고 〈명탐정 코난〉의 한 에피소드에서는 범인이 자신의 알리바이를 조작하는 트릭으로 이 현상을 활용하기도 했다.

녹말물을 손으로 저으면 손에 묻어나는 것은 물론, 일반 물처럼 휘휘 저어진다. 녹말물이 담긴 그릇을 비스듬히 기울이면 주르륵 흘러내리기도 하지만 이를 주먹으로 내리치면 마치 단단한 벽에 주먹질을 한 것처럼 손이 튕겨 나온다. 주먹에 딸려오는 통증은 덤! 그렇다면 녹말물에 총을 쏘면? 유리처럼 깨져버린다. 상식적으로 액체를 때린다고 하면 수영장에서 힘껏 물장구를 칠 때 하얗게 물보라가 일어나는 모습이 상상되지만 녹말물은 그렇지 않다. 말 그대로 산산조각이 난다. 즉, 녹말물은 다일레이턴시 현상에 의해 순간적으로 강한 힘을 가하면 강한 성질의 물질로, 약한 힘을 가하면 약한 성질의 물질로 변하는 것이다. 강약약강이 아니라 강

다일레이턴시 현상이란 비 뉴턴 유체가 순간적으로 강한 압력을 받으면 일시적으로 점성이 높아져 고체처럼 단단해지는 것을 뜻한다. (사진 출처: Can You Walk on Water? (Non-Newtonian Fluid Pool), Mach by Hong Leong Bank 유튜브)

강약약!

앞서 울면 국물 또한 녹말 덩어리라고 소개했지만 그렇다고 울면 국물에 주먹질을 하거나 총을 쏘지는 말자. 이런 현상은 울면 국물보다 훨씬 더 녹말의 농도가 높아야 확인할 수 있다.

사실 이 책의 가제는 "우울할 땐 울면"이었다. 즉, "우울할 땐 울면"은 이 책을 쓰게 된 일종의 주문 같은 것. 여기에 이어 "짜증날 땐 짜장면"이 떠오르면 아마도 옛날 사람이겠지만 우울이나 짜증은 부정적인 감정, 일종의 스트레스이고 울면도 짜장면도 탄수화물의 힘을 빌려 스트레스 해소에 실제로 도움을 주니 "우울할 땐 울면, 짜증날 땐 짜장면"은 아재 개그라기보다는 과학이다. 이는 "맛있는 걸 먹어서 기분이 풀렸어" 같은 애매한 얘기가 아니다. 그보다는 탄수화물이 우리의 두뇌에 부리는 마법에 대한 이야기임을 이제는 이해하셨으리라.

차례

1일
1면
식

칼제비

모범답안보다
더 맛있는

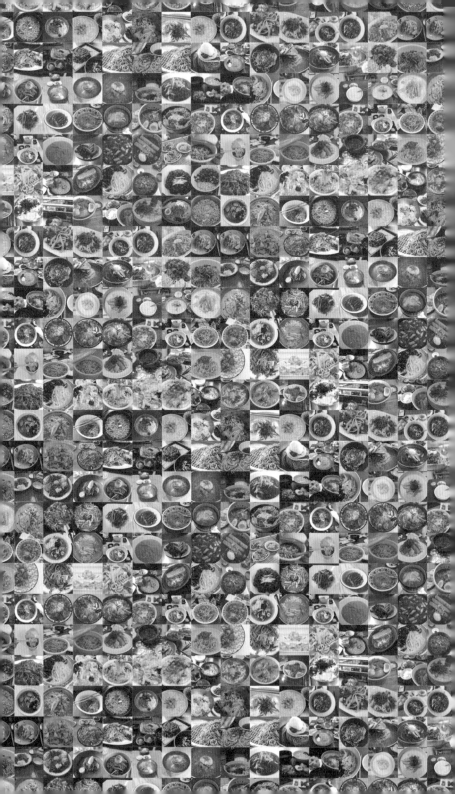

〈기생충〉은 한국 영화 최초로 칸 영화제에서 황금종려상을 수상했고 이후 아카데미 각본상, 국제장편영화상, 감독상에 이어 실질적으로 대상이나 다를 바 없는 작품상까지 수상(비영어권 영화로는 최초)하며 오스카상 4관왕으로 기네스북에까지 올랐다.

화려한 수상 이력이 그 영화가 "좋은 영화"임을 알려주는 절대적인 지표가 될 수는 없고 "좋은 영화"라는 판단은 개인의 취향에 크게 좌우되는 부분이기에 〈기생충〉이 좋은 영화다 아니다를 단정적으로 이야기할 수는 없을 것이다. 심각한 고민 없이 2시간 내내 웃으면서 편안하게 볼 수 있는 영화를 "좋은 영화"라고 생각하는 사람도 세상에는 있는 법이다.

〈기생충〉이 좋은 영화인지의 여부를 떠나 세계 영화인들의 엄청난 관심을 끌면서 영화 속 짜파구리 역시 엄청난 주목을 받았다. 부잣집 사모님인 연교(조여정 분)는 집에 돌아가는 길에 가정부인 충숙(장혜진 분)에게 전화를 걸어 아래와 같은 질문을 한다.

"아줌마, 짜파구리 할 줄 아시죠?"

문장 자체는 질문의 형태를 하고 있지만 이는 '짜파구리를 만들 줄 아느냐'는 순수한 의도의 '질문'이 아니라 너무나 당연하게 이 정도는 할 줄 알 거라는 일종의 확인 그리고 그 확인을 넘어서 "짜파구리 만들어놔" 하는 주문에 가깝다.

충숙이 다급하게 블로그 검색까지 해가며 만들어낸 짜파구리는 짜파게티에 너구리 라면을 섞어 만들어낸 일종의 '짬뽕' 요리다. 짜파게티와 너구리는 그 각각만으로도 이미 완제품인데 그 완제품들을 섞어 또 다른 완제품을 만들어낸다는 점에서 나름 신기한 음식이라고도 할 수 있다. 이는 두 가지 음식을 한꺼번에, 하지만 따로따로 분리해서 먹는 짬짜면과는 개념이 다르다.

제조업체에서 제공하는 모범답안을 벗어나 짜파구리처럼 제품을 자신만의 방식으로 새롭게 소비하고 체험하는 경향이 점점 늘고 있다. 이는 코로나19로 인한 집콕의 장기화와 SNS에 개인 경험을 공유하는 일이 흔해진 세태와도 무관하지 않을 것이다.

이런 소비자들을 특정하여 모디슈머^{modisumer}라고 부른다. 모디슈머는 수정하다는 뜻의 'modify'와 소비자를 뜻하는 'consumer'를 더한 일종의 신조어이지만 모디슈머라는 용어가 없던 시절에도 이런 식으로 섞어 만드는 음식은 있었다. 너무나 일상적이라 우리가 딱히 인지하지 못했을 뿐. 여러 가지를 섞는 비빔밥이나 섞어 찌개 같은 것은 논외로 하고 짜파구리처럼 딱 두 가지만을 섞어서 만드는 것만 생각해봐도 꽤 된다. 소맥이 그렇고 오십세주가 그렇다. 통영에는 우동과 짜장을 합친 우짜라는 면 요리가 있다. 좀 더 정확히는 우동에 짜장 소스를 부어 넣은 것이라 처음 보는 사람은 충격적인 비주얼에 말을 잇지 못하지만 맛은 딱 우동과 짜장을 합친, 더도 덜도 아닌 딱 그 맛이라 썩 나쁠 것도 없다.

섞어 먹는 음식 중 내가 가장 좋아하는 건 바로 칼제비다. 메뉴판에 칼국수만 있거나 수제비만 있는 집에 비해 칼제비가 있는 집

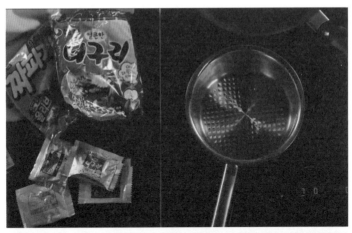

사실 <기생충>에서의 짜파구리는 그 자체보다 소고기가 들어갔다는 점이 더 큰 의미를 품고 있다. 기택의 가족은 형편상 겨우 소고기를 사 먹지만 박 사장 가족은 짜파구리에조차 한우 채끝살을 넣어 먹는다. (사진 출처: 영화 <기생충> 중)

은 왠지 진짜 손으로 면을 만들 것 같다는 믿음이 있다. 기성 제품을 사다 쓴다면 굳이 국수와 수제비 두 가지를 따로따로 구매해서 반씩 섞어 조리해주는 정성을 들일 것 같지는 않다는 생각. 물론 남의 영업장 주방을 직접 확인할 수는 없으니 나만의 생각일 뿐, 진실이 무엇인지는 알 길이 없다.

밀가루를 반죽해 칼로 총총 썰어낸 칼국수와 밀가루 반죽을 손으로 적당히 뜯어낸 수제비. 특히 수제비 중에서도 가장자리의 얄팍하고 하늘하늘한 부분을 씹었을 때의 느낌은 최고다. 수제비의 옛 명칭은 '슈져비'인데 이는 '슈(수)'는 손(手)을, '져비'는 '접다'의 옛말인 '졉다'에서 온 것으로 보는 것이 일반적이다. 이는 '손으로 반죽을 접어 떼어서 만들었다'는 의미로 해석이 가능할 것이다. 지방에서는 뜨덕국, 뜨데국 등으로도 불리는데, 이 또한 '뚝뚝 뜯다'에서 기원하지 않았을까 싶다.

밀가루 반죽과 맛깔나는 육수 내기 등은 어른이 해줘야겠지만 허풍을 좀 보태자면 수제비는 어린애도 만들 수 있는 음식이다. 어릴 적에 밀가루 반죽을 조금씩 떼어내어 끓는 냄비 안에 퐁당퐁당 던져 넣었던 기억이 있기도 하고 매운탕집에서 아예 봉지에 든 밀가루 반죽을 나눠주며 셀프로 수제비를 떼어 끓여 먹도록 하는 것만 봐도 그리 난이도가 높지 않다는 걸 알 수 있다. (심지어 술이 거나하게 취한 손님들에게!)

그에 반해 칼국수는 쉽지 않다. 칼국수처럼 밀대로 얇게 밀어 만든 반죽을 칼로 고르게 썰어내는 제면 방식을 절면(切麵)이라고 하는데, 절면 중에서도 칼국수는 말 그대로 칼을 사용해서 썰어내어 만든 국수라는 점에 그 정체성이 있기에 칼이라는 도구의 명칭이 음식 이름에 대놓고 붙었다. 그런데 경상도, 그중에서도 특히 대구의 칼국수 중에는 누른국수라는 명칭의 국수가 있다. 별다른 고명 없이 멸치 국물과 양념장 맛으로 먹는 누른국수는 왜인지 몰라도 도구보다는 반죽을 펴는 방식에 더 초점을 두어 누른국수라는 이름이 붙었다.

김숨의 단편 모음집 《국수》에는 동명의 소설이 있다. 텍스트상으로는 단 한 번도 '누른국수'라는 직접적인 명칭이 등장하지 않지만 만드는 과정이나 그 국수가 묘사된 모습을 볼 때 이건 누른국수임에 틀림없다.

양지였던 마루에 응달이 지도록 당신이 꾹꾹 누르고 치댄 반죽을

밀어 뽑아낸 국숫발, 그 국숫발로 끓여낸 국수… 그 국수에는 알
고명은커녕 감자나 호박, 파 한 조각 들어 있지 않았지요. 당신은
간조차 치지 않은 국수를 퍼 나와 동생들 앞에 한 대접씩 놓아주
었습니다. 무엇이 그리 못마땅하고 무엇에 그리 부아가 치밀었던
것인지… 나는 당신이 기껏 뽑아낸 국숫발을 숟가락으로 뚝뚝 끊
었습니다. 대접 속 국숫발을 죄다 뚝뚝…

이야기 자체는 계모와 의붓딸의 관계를 국수라는 매개를 통해
풀어낸 담백한 서사이지만 그럼에도 이 소설이 무지 매력적인 이
유는 밀가루를 치대 반죽을 만들고 그 반죽을 밀대로 얇게 밀고 칼
로 썰어 국숫발을 뽑아 끓인 한 그릇의 국수를 소반에 올리기까지
의 그 과정이 꽤나 상세하게 묘사되어 있다는 점 덕분일 것이다.

길지 않은 이야기를 읽는 내내 주방에 밀가루가 날리는 모습,
반죽을 꾹꾹 누르는 동안 양푼이 덜그럭거리는 소리, 하얀 김이 올
라오는 솥의 열기 등이 실감나게 그려져 있어 읽다 보면 어느 새
칼국수 한 그릇이 간절해진다. 개인적으로는 그 한 그릇이 숭덩숭
덩 무심한 듯, 하지만 하늘하늘 정교하게 떼어낸 수제비와 함께하
는 칼제비라면 더욱 좋겠다.

라면

소리로 기억되는
맛

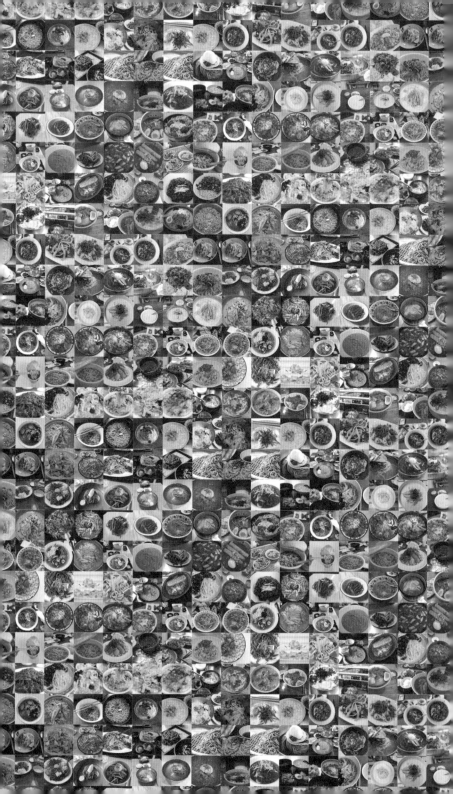

중국계 이민자들을 통해 중국의 납면(拉麵, 납면은 제면 방식에 따른 명칭으로 국수 반죽을 양쪽에서 잡아당기는 방식을 뜻한다. '칼제비' 편에서 소개한 '절면'과 비교하면 이해가 쉽다)을 활용한 탕면인 '라몐'이 일본으로 전해져 '라멘'이 되었고, 이것이 안도 모모후쿠라는 대만계 일본인에 의해 1958년 인스턴트화에 성공하면서 지금의 라면이 탄생했다.

한국의 경우 1963년 삼양식품에서 일본의 묘죠식품으로부터 기술 원조를 받아 닭고기 육수 맛 라면을 출시한 것이 최초. 이후 한국인의 입맛에 맞게 베이스가 닭고기 맛에서 소고기 맛으로 바

꿰었고 매운맛이 가미되는 등 일본의 라면과는 차별화되며 독자적인 노선을 걷게 되었다.

한국에서 라면의 역사는 결코 길지 않지만 그에 반해 라면이 받는 사랑은 엄청나다. 이런 협회가 실제로 있다는 것도 신기하지만 정말로 존재하고 있는 '세계라면협회'의 통계를 확인해보면 2019년 기준으로 연간 라면을 가장 많이 소비한 나라는 (당연히) 중국이지만 1인당 라면을 가장 많이 소비한 나라는 한국이다. 세계적으로는 한 사람이 1년에 라면을 평균 열네 개 소비한다고 하는데 한국은 무려 인당 일흔다섯 개! 일흔다섯 개면 2주에 세 개를 먹는다는 계산이 가능하다. 참고로 한국 다음으로 1인당 라면을 많이 소비한 나라는 네팔인데 여긴 쉰여덟 개 정도 되니 압도적인 차이다. (3위는 베트남으로 쉰일곱 개. 네팔과 비등비등하다.)

이토록 우리의 일상 깊숙이 들어와 있는 라면. 고로 한국인이라면 라면에 관한 추억이 다들 하나쯤은 있을 텐데 나 역시 그렇다. 대학생 시절, 내가 몇 년간 다녔던 단과대 옆에는 매점이 하나 있었다. 말 그대로 매점이라 어설픈 편의점에 가까운 구조로 그 옆엔 조그만 주방이 하나 딸려 있었고 매점에서 식권을 구매해 주방에

내는 식으로 운영이 되었는데 여기서 주문 가능한 메뉴는 라면이 전부였다. (졸업을 목전에 두고는 그나마 핫도그도 생겼다.)

본관에서 학식을 먹을 수도 있지만 거기까지 가는 것도 큰맘을 먹어야 하는 일이라 급할 때는 가까운 매점에서 때우는 일이 많았고 그럴 때마다 라면을 사 먹었다. 사실 대학에 오기 전까지는 라면 따위를 돈 주고 사 먹어야 한다는 생각은 해본 적도 없었다. 하지만 거기서 파는 건 라면밖에 없으니까 어쩔 수 없는 일이었다.

아무튼 거기서 주문 가능한 라면은 그냥 라면과 치즈라면. 주방 안쪽을 들여다보면 산처럼 쌓인 사리면이 보였고 라면 스프는 대접에 수북이 담겨 있었으니 특정 제품은 아니었던 것 같다. 어떤 라면이었는가보다 더 관심이 갔던 건 라면을 조리하는 비법. 그 과정은 세심하다거나 정성스럽다기보다는 '툭툭'에 가까우면서도 너무 정확해서 경이로울 지경이었다.

불 위에 냄비를 올리고 물이 끓으면 면을 넣은 후 면이 어느 정도 풀어지면 집게로 면을 축 늘이면서 냄비 바깥으로 몇 차례 뺐다 넣었다를 반복한다. 여기에 숟가락으로 라면 스프를 적당히 퍼 넣고 계란물을 한 국자씩 끼얹으면 끝. 과정의 정확함 덕분인지 여기 라면은 언제 먹어도 그 맛이 일정하기도 하거니와 면발의 탄력도 늘 비슷했다. 면이 덜 익어서 꼬들한 것과 잘 끓어서 쫄깃한 것에는 큰 차이가 있는데 여기 라면은 후자. 집에서는 아무리 해도 그 쫄깃함을 내기가 힘들었는데 강한 화력으로 끓이는 와중에 면을 뺐다 넣었다 하면서 상대적으로 찬 공기 중에 면이 노출되고 냉탕과 온탕을 수차례 오가는 듯한 그 과정에서 면의 장력이 증가하는 것 같았다.

이렇게 무심하게 끓인 라면에 치즈를 올리거나 안 올리거나에 따라 몇백 원의 가격 차이가 났다. 규모가 큰 곳도 아니라 한 번에 네 개밖에 냄비를 올릴 수 없었고 그나마도 화구 하나는 고장이 잦아 세 개만 사용되는 날도 많아 타이밍이 잘 맞지 않으면 라면 한 그릇을 위해 한참을 기다리는 일이 벌어지기도 했다. 솔직한 심정으론 뭐 대단한 맛이라고 이렇게까지 기다려야 하나 싶을 때도 있었지만 그렇게 기다리는 동안 친구들과 히히덕댈 수 있어서, 황급히 숙제를 해치울 수 있어서 한편으론 좋기도 했다.

이곳 주방에는 라면을 끓여주는 아주머니가 한 분 계셨는데 완성된 라면을 대접에 옮겨 담고는 카운터로 내밀며 "라면~" 하고 외치셨다. "라면 나왔어요~"도 아니고 "라면이요~"도 아니고, 그저 단순 명료한 명사로 "라면~" 혹은 "치즈라면~." 그 목소리가 무척이나 청아해서 이런 곳에서 목소리와 전혀 관계없는 일을 한다는 게 아까울 정도였다. 시끌벅적한 곳에서 음식이 나왔음을 알리려면 결국 큰 소리를 낼 수밖에 없는데 그 "라면~" 하는 소리는 고래고래 지르는 소리가 아니라 두상을 울리는 울림소리에 가까웠다. 그 아주머니의 "라면~" 소리를 들어본 사람치고 그 소리를 잊을 수 있는 이는 없을 거라 생각한다. 나 역시도 거기에서 먹었던 라면 맛은 기억이 잘 나지 않는데 그 "라면~" 하는 소리는 지금도 어제 들었던 것마냥 또렷이 기억난다.

그 아주머니가 지금은 그 매점에 계시지 않는다는 소식을 들었다. 나야 진작에 학교를 떠난 사람이기에 더 이상은 그 라면을 사먹을 일도 그 소리를 들을 일도 없지만 내 후배들은 그 소리를 듣지 못하겠구나 싶어 무척이나 아쉬운 마음이다.

결국 내가 품고 있는 라면에 얽힌 추억은 맛이나 냄새가 아니라 소리였던 것 같고 라면을 끓여주던 그 아주머니에 대한 것이었는지도 모른다. 그리움이란 결국 사람에 대한 것. 사람과의 부대낌, 사람의 온기가 그리운 밤이다. 감염병의 창궐로 인해 더더욱.

잔치국수

행복을 빌어주는
마음

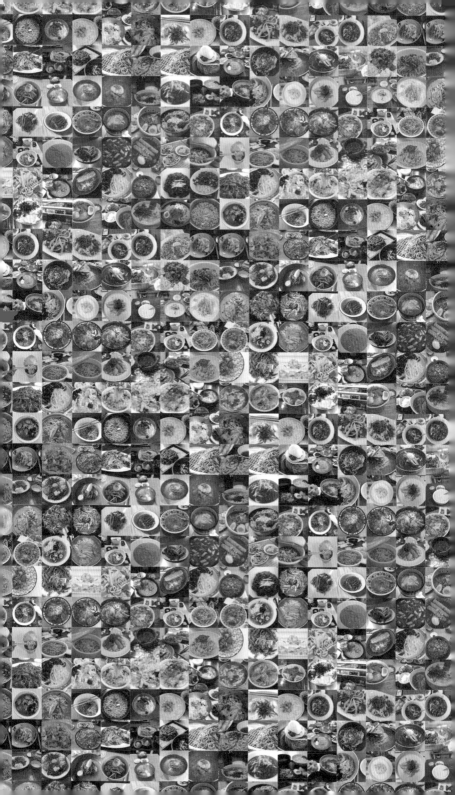

누군가가 결혼 소식을 전하면 누군가는 꼭 이런 대사를 날린다. "오, 국수 먹여주는 거야?"

왜 사람들은 꼭 청첩장을 받으며 저런 싱거운 대사를 날릴까? 대체 여기서의 국수는 어떤 국수를 이야기하는 걸까? 맛있는 게 널린 세상이건만 결혼식장에서는 왜 유별날 것도 없는 국수를 꼭 준비하는 걸까?

결혼식 피로연에서 만나게 되는 한 그릇의 국수. 뷔페식이든 아니든, 심지어 스테이크가 메인이 되는 양식 코스여도 적은 양일지

언정 마지막 즈음엔 꼭 마주하게 되는 한 그릇의 국수. 그건 때에 따라 우동이기도 하고 파스타이기도 하고 냉모밀이기도 하지만 '결혼식과 국수'라고 했을 때 내 머릿속에 즉시 연상되는 국수는 바로 잔치국수다.

아직까지 진짜 맛있는 잔치국수를 못 먹어봐서 이런 소리를 하는 걸 수도 있겠지만 그간 내가 만난 잔치국수들은 그 이름에 걸맞게 잔칫집, 그러니까 주로 결혼식 피로연에서 만나게 되었으므로 맛보다는 형식상 으레 먹어야 하는, 일종의 축하 세레모니에 가까웠다.

그렇다면 대체 왜 잔칫날에 우리는 국수를 먹는 걸까?

답은 간단하다. 가장 귀하고 좋은 것으로 손님을 모실 때 마땅히 내어드릴 만큼 국수가 '귀한 음식'이기 때문이다. 많은 사람들에게 빠르게 제공하기 위해 미리 삶아둔 면을 한 주먹씩 떼어 그릇에 담아놓고 국물만 부어 내는 국수, 대체 언제 삶아둔 건지 면은 그릇에 담긴 모양대로 눌어붙어 한 덩어리의 떡처럼 변해버린 국수, 단단히 뭉친 면발은 국물을 붓고 젓가락으로 휘저어보아도 결코 풀어지지 않아 굳어버린 그 상태 그대로 집어 들고 한 입씩 베어 먹어야 하는 그런 국수가 귀한 음식이라니, 맙소사! 싶지만 그건 '공장식'으로 대량의 국수를 빠르게 내어놓는 요즘의 잔칫집 상황이 그래서일 뿐, 예전에는 분명 국수가 매우 귀한 음식이었다.

정식으로 만든다는 전제하, 국수는 국물 따로, 고명 따로, 면 따로 만들어 이를 한 그릇에 내야 한다는 점에서부터 이미 손이 많이 가는 음식이다. 각종 재료를 오래도록 끓여서 우려내어 국물 만들랴, 재료 간의 조화를 고려해가며 위에 올라갈 고명 마련하랴… 게다가 지금이야 공장에서 기계의 힘을 빌려 면을 뽑지만 예전엔 그렇지 못했다. 곡물을 갈아 가루로 만들고, 여기에 적절한 양의 물과 소금을 더한 후 치대 반죽을 만들고, 이 반죽을 활용해 직접 면을 가늘고 길게 뽑아내어 쫀득하게 삶아내야 한다고 생각해보자. 그런데 모든 과정에 있어 기계의 도움을 전혀 받을 수 없는 상황이라면! 이는 상상만으로도 쉬이 엄두가 나지 않는 일이다.

면을 뽑고 삶아내는 일이 얼마나 고된지는 기산 김준근의 '국수 누르는 모양'을 보면 대충 감이 온다. 이 그림을 보면 건장한 성인 남성이 아예 국수틀 위에 올라가 본인의 체중을 실어 반죽을 누르고 있는데, 이는 반죽을 눌러 작은 구멍으로 뽑아내는 데 얼마나 큰 힘이 필요한지를 한눈에 보여준다. (그렇게 뽑아낸 국수를 물에 삶아내고 있는 이의 모습 또한 사뭇 진지하다.) 이런 식으로 눌러서 면을 뽑는 방식을 '압면(押麵, 압면으로 뽑은 국수 중 가장 대표적인 것은 냉면)'이라 한다.

잔치국수에 쓰이는 소면은 반죽을 길게 늘여서 막대기에 감아당기면서 만들어내는 방식이라 이 그림처럼 눌러서 만드는 것은 아니지만 그 또한 난이도 있는 작업임은 마찬가지다. 고로, 예전의 국수는 잔칫날 등 특별한 날에만 간신히 만날 수 있는 특별한 음식의 자리에 있었다.

여기서 잠깐, 면을 만드는 과정에 대해 이렇게나 구체적인 그림을 남긴 기산 김준근은 누구일까? 조선의 풍속화가라고 하면 대개는 단원 김홍도나 혜원 신윤복을 떠올리지만 작품의 수나 주제의 다양성 면에서는 기산 김준근이 이들을 압도한다. 그럼에도 기산이 우리에게 잘 알려지지 않은 것은 그의 작품 다수가 해외에 가 있기 때문일 것이다.

그의 작품은 총 1,500점 정도로 추산되는데, 그중 국내에 남아 있는 300점을 제외하고 나머지는 모두 해외(특히 유럽)에 가 있

기산 김준근 '국수 누르는 모양'

다. 이렇게 이야기하면 '강제 개항을 당하면서 서양인들에게 빼앗겼구나!' 싶지만 다행히 그건 아니다.

기산은 19세기 말 부산, 원산, 인천 등 개항지를 기점으로 활동하며 서양인들에게 판매하기 위해 조선의 풍속을 주제로 한 그림을 작정하고 대량 '제작'한 것으로 알려져 있다. 이런 그림들을 선뜻 구매할 만큼 조선의 일상에 관심을 갖는 서양인들을 타깃으로 했기 때문인지 그의 작품에는 오래도록 곁에 걸어두고 감상하기 좋은 자연 풍경이나 그림에 담기기 위해 주인공이 아름답게 꾸민 모습보다는 당시 사람들이 일상을 사는, 복잡다단한 모습이 그대로 담겨 있다. '국수 누르는 모양' 등 부엌에서 벌어지는 일들 외에도 죄수가 고문을 받는 모습, 무당이 굿하는 모습, 장례 치르는 모습, 단발령 시행으로 인해 남자들이 상투를 자르는 모습 등 기산이 그림으로 남긴 '일상'은 그 스펙트럼이 매우 넓은 것이 특징이다.

이는 이전에 감상을 위해 높으신 분들께 소비되었던 '예쁜 그림'과는 분명 다른 것들이며 기산이 조선인들을 마케팅 대상으로 하지 않았음을 보여주는 증거이기도 하다. 자기 집 안방에 형벌이나 굿, 장례, 단발 등을 주제로 한 적나라한 그림을 걸어놓고 싶어 하는 조선인은 없었을 테니 말이다.

밀가루가 흔해지고 공장에서 기계로 면을 만들어낼 수 있게 되면서 요즘의 국수는 '저렴하고 간편하게 한 끼를 때우는 음식'의 이미지가 강해졌다. 좀 더 노골적으로 얘기하자면 '싸구려'의 대명사가 되어버린 것도 같다.

그럼에도 국수는 여전히 아기의 첫 돌상과 결혼식 피로연의 잔칫상에 예외 없이 올라간다. 국수의 '길다'는 특성을 닮아 아기가 장수하기를, 결혼으로 맺어진 부부의 연이 오래도록 이어지기를 기원한다는 의미에서다. 이는 오늘날 국수가 싸구려가 되었거나 말거나, 국수를 만드는 방법이 예전에 비해 쉬워졌거나 말거나와는 딱히 관계가 없다. 국수는 여전히 국수이고 우리는 국수라는 그 자체에 의미를 부여하는 것이기에 이제는 나도 잔칫집에서 내어주는 국수의 맛이나 퀄리티에 연연하지 않는다. 나를 그 자리에 초대해준 주인공들의 행복을 빌어주는 마음으로 기꺼이 먹어줄 뿐.

때문에 썩 내키지 않더라도, 때론 형편없을 것임을 알면서도 '그래도 결혼식에 왔으면 국수를 먹어줘야지' 싶은 마음으로 오늘의 주인공들이 백년해로하기를 바라면서 국수 한 젓가락만큼은 꼭 입에 대려고 노력한다. 그간 내가 결혼식에서 만난 국수들은 '길다'는 특성보다는 '달싹 붙었다'는 특성이 더 돋보였지만 그 또한 지금 생각해보니 그닥 나쁘지 않은 것도 같다. 불어터져 서로 엉겨 붙어 돌이 된 국수마냥 오래도록 둘이 꼭 붙어 떨어지지 않고 단단하게 살기를 기원해줄 수 있으니까.

그럼에도 국수는 여전히

아가의 첫 돌상과

잔칫상에 예외 없이 올라간다.

차오멘

기억 외에 우리를
연결시켜주는 더 큰 힘

앞서 간간히 소개했듯, 국수는 그 제면 방식에 따라 납면, 소면, 압면, 절면 등으로 분류할 수 있는데 절면 중에 특별히 도삭면이라는 녀석이 있다. 이는 밀가루 반죽을 대패질하듯 칼로 깎아낸 국수인데 그렇게 잘려진 면은 기다란 마름모꼴과 흡사한 모습에 쫄깃한 식감을 자랑한다. 기다란 마름모의 가장자리는 좀 더 얄팍하고 가운데 부분이 약간 더 도톰해 마치 연필을 칼로 깎아낸 나무 조각이나 끊어지지 않게 줄줄이 길게 연결해 깎은 사과 껍질 같은 느낌이 들기도 하는데 종종 오픈된 주방에서 조리하는 것을 보면 커다란 밀가루 반죽을 사각사각 깎아냄과 동시에 바로바로 끓는 물이 가득한 솥에 날려 넣는 묘기를 부리며 면을 삶아내기도 한다.

어찌 보면 칼을 사용한다 뿐, 수제비와 비슷한 듯도 하지만 반죽의 모양과 크기가 제각각인 재미로 먹는 수제비와는 달리 도삭면은 좀 더 정교한 맛이 있다. 이렇게 만든 도삭면으로 짜장면을 만들지 짬뽕을 만들지는 주방장의 마음. 한마디로 도삭면은 제면 방식 중 하나일 뿐, 도삭면 자체가 특정한 한 그릇의 음식을 설명하는 것은 아니다.

개인적으로 도삭면의 매력을 배가시키는 진정한 조리법은 볶음이라고 생각한다. 특히 차오몐(炒面)이라고 불리는 중국식 볶음면은 도삭면이 무척 잘 어울린다. 굴 소스나 간장 소스를 기반으로 야채와 고기, 새우 등을 면과 함께 단시간에 불맛 나게 볶아낸 차오몐은 특별한 향신료나 구하기 어려운 재료가 들어가지 않고 조리법도 간편해 호불호가 갈릴 여지가 적어 중국 음식 중에서도 글로벌하기로는 손에 꼽을 수 있을 만한 존재이건만 한국에서만큼은 유독 그 저력을 보여주지 못하는 것 같다. 아마 짜장면과 짬뽕에 밀려서가 아닐까?

아무튼 서양을 배경으로 한 영화나 드라마에서 주인공들이 침

대나 쇼파에 아무렇게나 퍼질러 앉아 종이 상자 안에 들어 있는 국수를 먹는 장면이 가끔 보이는데 그런 상자 안에 들어 있는 국수는 대개 차오멘이다. 물론 야끼소바나 야끼우동일 수도 있지만 이들 또한 중국의 차오멘이 일본에 전해진 후 일본인들의 입맛에 맞게 슬쩍 변형된 것으로 보는 견해가 많으니 큰 범위에서 너그러이 차오멘이라고 치자.

사랑에 대해 많은 생각을 하게 했던 영화 〈이터널 선샤인〉에도 이런 장면이 있다. 극 중에서 조엘(짐 캐리 분)과 클레멘타인(케이트 윈슬렛 분)이 어중간하게 떨어져 앉아 각자 티비만 쳐다보며 종이 상자에 담긴 차오멘에 열심히 젓가락을 놀리는 모습은 타성에 젖을 대로 젖은 연인의 모습을 잘 보여준다.

이때 둘 사이에 오가는 대화 역시도 사랑하는 사람들 간의 대화라고 보기는 어렵다.

"누군가 있어."
"있긴 누가 있다 그래?"

<이터널 선샤인>의 원제는 <Eternal sunshine of the spotless mind>인데 이는 17세
기 신고전주의 시인 알렉산더 포프의 <엘로이즈가 아벨라르에게(Eloisa to Abelard)>
의 한 구절에서 따온 것이다. (사진 출처: 영화 <이터널 선샤인> 중)

차오멘 기억 외에 우리를 연결시켜주는 더 큰 힘

지긋지긋한 관계에 지친 둘이 서로에 관한 기억을 지우기로 작정하기까지, 파탄을 향해가고 있지만 아직은 확실한 결정을 하지 않은 상태일 때 함께 음식을 먹는 장면이 영화 속에 딱 두 번 있는데 감독은 그 두 번 모두 중국 음식을 택했다. 한 번은 앞서 언급한 종이 상자 안의 차오멘이고 또 한 번은 딱히 분위기랄 것도 없는 허름한 중국집에서 칭따오 병맥주와 함께 먹는 치킨이다. (재미있는 점은 조엘과 클레멘타인이 바닷가에서 처음 만났을 때도 치킨이 등장하는데 이때는 중국식 치킨이 아니라 후라이드 치킨이다.)

　　새로운 데이트 코스, 새로운 맛집을 찾는 노력을 들이는 대신 매번 똑같은 중국집에서 대충 저녁을 때우는 연인, 그렇게 멀뚱히 앉아 각자 먹어대기만 하는 사이가 되어가는 게 아닐까 고민하는 조엘에게 클레멘타인은 샤워하고 비누에 붙은 털이나 잘 치우라며, 볼 때마다 역겹고 혐오스럽다고 핀잔을 줄 뿐이다. 꿈처럼 행복했던 시간들을 뒤로 한 채, 조엘과 클레멘타인의 사랑은 중국집 접시 위의 음식처럼 차갑게 식어간다.

　　그런데 왜 하필 중국 음식일까? 중국 음식은 저렴하게 한 끼를 해결하는, 다소 뻔한 음식이라는 느낌이 있다. 그나마 중국집에 가서 마주 앉아 먹는 건 양반. 종이 상자에 담긴 차오멘을 먹을 때는 둘이 아예 서로 쳐다보지도 않는다. 차오멘을 다 먹고 난 뒤 비어버린 종이 상자와 일회용 나무젓가락은 가차 없이 쓰레기통으로 갈 테니 둘의 관계 또한 그렇게 될 것임을 그려내기에 이만큼 적절한 장치는 없었을 것이다. 이 정도면 감독이 두 장면에서 모두 중국 음식을 등장시킨 것은 우연이라기보단 의도적인 장치라고 보는 쪽에 힘이 실린다. 감독과 직접 대화를 나누어본 적은 없으니 이는 나만의 유난한 해석일지도 모르지만.

〈이터널 선샤인〉 속 두 사람은 서로에 대한 기억을 지워버렸지만 결국은 다시 함께하는 삶을 택한다. 기억 외에 우리를 연결시켜주는 더 큰 힘이 우리의 삶에 있다는 것, 그 힘이 무엇인지는 잘 알 수 없지만 아무튼 있기는 있다는 것. 그리고 삶이 힘들고 괴로울 때 우리는 나쁜 기억들을 어떻게든 잊으려 하지만 그 기억을 찬찬히 들여다보면 내 생각만큼 그렇게 나쁘지만은 않았다는 사실을 다시금 알려주는 영화이기에 나는 이 영화를 무척 좋아한다. 솔직히 고백하자면 열 번도 넘게 본 것 같다.

영화 속에서 차오멘이 그닥 긍정적인 장치로 쓰이지는 못했지만 그래도 이 영화를 볼 때마다 종이 상자 안에 든 차오멘이 먹고 싶어지는 것도 솔직한 심정. 아쉽지만 단 한 번도 그렇게 해보지는 못했다. 그래도 간혹 차오멘이 생각나는 날, 찾아갈 수 있는 식당이 집과 멀지 않은 곳에 있어서, 그곳에 닿기만 하면 무려 도삭면으로 조리된 차오멘을 저렴하게 먹을 수 있어서 참 다행스럽다.

도삭면을 달달 볶아낸 차오멘 접시를 비워내고 식당을 나서던 어느 날, 갑자기 지구가 멸망할 것만 같은 엄청난 굉음이 들렸다. 주차된 차를 빼다가 보도블록에 타이어를 너무 밀착시키는 바람에 타이어가 터진 것. 타이어에 펑크가 난 수준이라면 적당히 때워서 좀 더 쓸 수 있지만 타이어 휠 근처의 연한 부분이 아예 찢어져 버린 상황. 이럴 땐 타이어 교체밖에 답이 없다. 몇천 원으로 손쉽게 해결했던 오늘의 점심이 10만 원대로 껑충 뛰어오른 순간, 타이어에서 찢어져 너덜거리는 부분이 눈에 들어왔다. 희극인지 비극인지 가차 없이 찢겨져 나간 고무 조각은 조금 전 내가 삼킨 도삭면의 가장자리를 꼭 빼닮은 모습이었다.

꿈처럼 행복했던 시간을 뒤로 한 채,

조엘과 클레멘타인의 사랑은

중국집 접시 위의 음식처럼 차갑게 식어간다.

팟타이

'다움'에
대하여

등 뒤쪽에는 명멸하는 네온과 함부로 드러누운 개와 지폐에 묻어 거래되는 열기와 조금 전에 스쳐간 사람들이 있을 뿐이었다. 그 너머로는 시퍼런 태국의 밤이 기름 먹은 흑단처럼 깔려 있었다.

열대의 미지근한 비가 부슬부슬 내렸다. 건기의 허리춤에 내린 뜻밖의 비는 거리를 온통 진창으로 만들어놓았다. '수쿰빗 소이 포', 일명 '나나'의 초입에는 축축하게 젖은 행상인들이 똑같은 미소를 짓고 있는 매춘부들 틈에서 목탄에 구운 바나나와 닭날개 꼬치와 계란을 풀어 넣은 볶음국수와 물방개 튀김 따위를 팔았다….

보석상 광고판을 단 혼다 택시와 낡은 삼륜차와 최신형 포르쉐가 거치적거리는 건 뭐든 쳐 죽일 것처럼 좁은 이차선 도로를 빠르게 달려가다 날카로운 소리를 내며 멈추어 서곤 했다. 행상 패거리들이 늘어선 길 안쪽으로는 무리하게 스피커 볼륨을 높인 선술집이 오십여 미터가량 옹기종기 모여 있었으며… 더러운 마사지 업소와 젊은 혼혈 아가씨가 시중을 드는 고급 스테이크 전문점과 세븐일레븐과 탄두리 향을 풍기는 인도 음식점과 펜티엄 컴퓨터가 열 대 남짓 놓인 인터넷카페와 아르마니 양복을 입은 신사들이 드나드는 분홍색 간판의 레이디바와 또 세븐일레븐과 대마초 연기가 흘러나오는 문신 가게와 다시 세븐일레븐이 보였다.

박형서의 장편 소설 《새벽의 나나》는 배경이 되는 방콕의 수쿰빗 소이4, 일명 '나나'의 모습을 적나라하게 그리며 시작한다. 노골적으로 표현되긴 했으나 방콕이라는 도시가 주는 이미지는 이와 별반 다르지 않다. 나나는 방콕에서도 밤 문화의 본산 같은 곳이라 그 정도가 더하긴 하지만.

방콕의 뒷골목 대신 앞길로 나섰을 때는 좀 더 깔끔하고 정돈된 느낌이 있기도 한데 0부터 100에 이르기까지의 극단적인 것들이

한데 섞인, 코스모폴리탄스러운 분위기의 도시가 바로 방콕인 건 분명하다.

소설에서 언급한 '행상인들이 파는 계란을 풀어 넣은 볶음국수'는 아마 팟타이일 테다. 태국의 요리라고 했을 때 가장 먼저 떠오르면서, 외국인들의 입맛에도 크게 거부감이 없을 팟타이. '팟'은 센 불에 볶았다는 의미고 '타이'는 말 그대로 태국을 뜻하는 것이니 '팟타이'는 '태국볶음' 정도 될까. 어떤 음식에 아예 그 나라의 이름이 들어가는 일, 그리고 그 음식이 그 나라를 대표하는 음식이 되는 일은 흔치 않기에 팟타이의 경우는 꽤 독특하다 하겠다.

사실 이런 일이 가능한 것은 팟타이가 태국 정부에서 민족주의 운동의 일환으로 '보급'한 음식이기 때문이다. 1930~40년대까지 태국의 국호는 '시암'이었는데, 당시 수상이 이를 '타이'로 고치면서 비슷한 시기 '팟타이'를 보급해 사람들이 '타이'라는 명칭에 익숙해지도록 하고, 태국 사람은 태국 음식을 먹어야 하는데 팟타이에 들어가는 재료들은 모두 태국산이니 당연히 태국 사람에게 좋다는 태국식 '신토불이' 캠페인을 펼친 것이다. 결국 팟타이는 "태국 사람은 '시암'이 아니라 '타이'로 뼛속까지, 아니 뱃속까지 채우라"는 일종의 프로파간다였던 셈이다. (이와 함께 도정 작업 중에 낱알이 깨졌다거나 하는 이유로 상품성이 떨어져서 수출할 수 없는 B급 쌀을 국수로 만들어 태국 내에서 적극 소진시키기 위한 목적도 있었다고 한다.)

베트남, 미얀마, 라오스, 캄보디아, 필리핀, 싱가포르, 브루나이, 인도네시아, 말레이시아 등 주위 나라들이 모두 서구 열강의 식민지가 되었던 시절, 태국은 명목상으로나마 자주독립을 유지한 유일한 나라였다. 방콕의 모습을 태국 전반의 모습이라고 일반화할 수는 없겠지만, 그래도 다국적을 넘어 아예 무국적처럼 느껴지는 지금 방콕의 모습을 생각해보면 '자주독립'이라는 단어가 내가 아는 그 뜻이 맞나 싶어 의아해진다. 하지만 그 시절에, 그 난리통 속에서 홀로 독립을 유지했다는 사실은 여전히 태국 사람들의 자부심이자 자랑이다.

이는 당시 태국의 국력이 막강해서라기보다는 '바람에 휘어지기는 하나 꺾이지는 않는다'는 일명 '대나무 외교'를 펼친 덕분이다. 강대국의 영향을 능동적으로 받아들이면서 실리적으로 행동하는 것이 대나무 외교의 골자인데 태국은 식민지 제국주의의 위협

속에서는 당시 대부분의 동남아시아 국가들을 지배하던 프랑스와 영국 사이의 경쟁심과 긴장감을 이용해 독립을 유지했고, 이들의 세력이 약해진 뒤에는 뒤늦게 식민지 쟁탈전에 뛰어든 일본에 기대 친일 외교를 했으며, 2차 대전 후 일본이 패망하고 미국이 급부상했을 때는 얼른 친미 노선을 탔다.

70년대에 들어서며 태국 주위의 나라들(베트남, 캄보디아, 라오스)이 공산주의로 돌아서며 동남아시아에 공산화 바람이 거세게 불었던 시기에도 태국은 친미 노선을 더욱 강화하며 기존의 자본주의 체제를 지키고 경제적으로 많은 발전을 이뤘다.

누군가는 '빠른 손절'로 요약 가능한 이런 스탠스를 얄팍하고 치졸하다고 생각할 수도 있다. 하지만 훨씬 이전부터 태국은 늘 주위 강대국(중국과 인도)과 함께 살아왔기에 이런 태도를 취하는 것은 비겁하거나 비굴한 게 아니라 지극히 당연한 것이었을 수도 있다. 국민과 국익을 최우선으로 하겠다는 강한 의지가 있었기에 태국의 입장에서는 이런 방식이 최선이었던 것이고, 무엇보다 강한 자가 살아남는 것이 아니라 살아남는 자가 강한 것이니까. 일단 살아남고 봐야 하니까.

태국의 이러한 태도는 '태국볶음', 팟타이에도 여실히 드러난다. 일단 커다란 웍에 강력한 화력으로 빠르게 볶아내는 방식은 중국 요리의 특성이다. 게다가 볶음국수라는 것 자체가 중국의 차오멘과 무관할 수 없을 텐데 간장이 아니라 피시 소스로 간을 하는 것, 단맛을 내기 위해 일반 설탕 대신 팜슈가를, 신맛을 위해 식초 대신 타마린드 즙을 사용하는 것, 바다와 인접해 있는 지리적 여건을 활용하여 고기 대신 새우를 쓰는 것 등에서는 태국다움도 물씬 느껴진다. '차오멘의 아류작' 같은 느낌은 전혀 찾아볼 수 없다.

예전에 치앙마이에 머무르는 잠시 동안 태국 요리를 배운 적이 있다. 팟타이도 배웠고 똠양꿍, 쏨땀, 망고밥에 각종 커리들도 배웠다. 외국인을 대상으로 하는 수업이었는데 수업이 거의 끝나갈 때쯤 한 수강생이 여기서 사용한 허브가 본인의 나라에는 없는데 어떻게 하냐는, 약간은 '어쩌라고?' 싶은 질문을 했다. 강사는 웃으면서 "Any leafs in your country"가 사용 가능하다고 답했다. 그러자 그럼 여기서 사용한 두부는? 피시 소스는? 타마린드 소스는? 간장은? 등의 후속 질문이 계속 달라붙었고 그럴 때마다 강사는 웃으면서 "Any tofu in your country", "Any soy sauce in your country" 하는 식으로 대답했다.

나중엔 "Any"만 나와도 수강생들이 전부 웃음을 터트리는 지경에 이르렀고 결국 누군가가 "그렇게 재료가 달라지면 팟타이가 아닌 게 아니냐"고 하자 "아니다, 그래도 팟타이는 팟타이다"라는 우문현답을 내놓았다. 즉, '수용하고 흡수하되 똑같이 베끼지는 않고 자신만의 방식으로 변형해 응용한다'는 것이 바로 태국이란 나라의 특성이 아닐까 싶다.

특히 '자신만의 방식으로 변형해 응용한다'는 부엌에서 조리를 할 때도 통하는 말이지만 식탁에서 먹을 때도 통하는 말이다. 태국에서 국수를 취급하는 집에 가보면 고추씨 혹은 고춧가루, 고추 식초, 피시 소스, 설탕이 꼭 놓여 있다. 이 조미료 4종 세트를 자신의 기호에 맞게 국수에 추가해 먹으면 되는데 무엇을 얼마나 넣을지는 먹는 사람 마음이니 이 역시도 자신만의 방식으로 변형해 응용하는 격이다. 매운맛, 신맛, 짠맛, 단맛 사이에서 미묘한 줄타기를 해야 해 초심자들은 아무것도 넣지 않고 먹는 경우가 많지만 이것도 두어 번 시도해보면 자신만의 취향이 생겨 또 하나의 재미가 되어준다.

그나저나 얼른 다시 어수선한 방콕의 밤거리를 걷고 싶다. 그렇게 걷다가 출출해지면 눈에 보이는 아무 노점에 들어가 순식간에 화르륵 볶아주는 팟타이를 먹고 싶다. 그날은 언제쯤 올는지. 지칠 줄 모르고 퍼져나가는 바이러스가, 바이러스보다 더 지치지 않고 흐르는 시간이 야속하기만 하다.

그래도 팟타이는

팟타이다.

냉모밀

변하지 않을
그 밤의 정경과 분위기

처음 내 부엌살림을 차리면서 간장의 종류가 이렇게나 많다는데 적잖이 충격을 받았다. 심지어 그 용도도 제각각에 같은 간장을 부르는 이름도 너무 다양해서 무척 혼란스러웠다. 마트의 두어 개 매대를 가득 채운 수많은 간장병들의 행렬이란!

이 글을 읽고 계신 분들 중 그 언젠가 마트의 간장 코너 앞에서 '불멍'이 아닌 '간멍'을 때리고 있는 이를 목격하신 경험이 있다면 그건 분명 나였을 것이다. 국간장, 조림간장, 맛간장, 집간장, 조선간장, 왜간장, 진간장, 양조간장….

샴푸나 비누, 치약 역시도 비슷한 규모로 마트의 매대를 채우고 있지만 개인의 지갑 사정과 취향에 맞게 적당히 고를 수 있는 반면, 간장은 모두 용도가 다르다고 하니 샴푸나 비누 혹은 치약처럼 대강 고를 수 있는 물건은 아닌 것 같았고 당시에는 부엌살림에 있어 완전히 초보였기 때문에 제대로 해 먹고 살기 위해서는 그 모든 간장을 다 찬장 속에 구비해놔야 하는 줄로만 알았다.

초보 시절을 지난 지금은 짬이 차다 못해 닳고 닳은 나머지 웬만한 음식은 맛간장 하나로 다 해결한다. 간혹 국을 끓일 때가 있어 국간장도 한 병 남아 있기는 하지만 국을 자주 끓이지는 않는지라 그 존재를 잊고 살 때가 더 많다.

요즘은 각종 외국 간장까지 수입되고 있는 형편이라 간장 코너에서의 선택지는 더 복잡해졌다. 외국 간장 중 가장 익숙한 것은 아마 쯔유가 아닐까 싶은데 무더운 여름날, 쯔유만 있으면 언제든 손쉽게 냉모밀을 만들어 먹을 수 있다는 점에서 집에 쯔유도 한 병 마련해두면 좋다. '이 인간은 맛간장 하나 덜렁 있다면서 쯔유는 또 웬 말이야' 싶을 수도 있지만 쯔유는 냉모밀 외에도 전날 시켜 먹고 남은 돈가스로 가츠나베나 가츠돈을 해 먹을 때도 유용해 내 부엌에선 꽤나 자주 호출되는 녀석이다.

　아무튼 냉모밀은 모밀로 만든 국수를 쯔유 베이스의 차가운 국물에 찍어 먹는 대표적인 여름 면 요리다. 쯔유로 직접 국물을 만들면 시판 냉모밀 국물과 달리 단맛이 전혀 없어 깜짝 놀랄 수도 있다. 당연한 소리지만 이미 알고 있는 익숙한 그 맛으로 먹고 싶다면 설탕을 조금 첨가하면 된다. 그렇지만 설탕을 넣지 않고 먹어 버릇하면 그것도 그것대로 나쁘지 않다.

　앞서 계속 '모밀'이라고 썼지만 사실 '모밀'은 메밀의 사투리여서 표준어로는 메밀이 맞다. 그렇지만 냉메밀, 메밀국수 등은 왠지 입에 붙지 않는데, 이건 나만 그런 걸까? '모밀'이라는 단어에 익숙하다 보니 상대적으로 '메밀'은 좀 어색한 감이 있다. 한국 단편소설의 백미로 손꼽히며 이효석의 문학 세계를 대표한다는 평가를 받는 《메밀꽃 필 무렵》 역시도 처음 발표되었을 때는 《모밀꽃 필 무렵》이었지만 표준어가 메밀로 정해지면서 《모밀꽃 필 무렵》이 《메밀꽃 필 무렵》으로 바뀌었고 소설 속에 쓰인 '모밀'도 모두 '메밀'로 바뀌게 되었는데 그 시절 작가가 사용한 단어마저 지금의 기준에 비추어 '잘못된 표현'이라는 이유로 죄 변경하는 것이 옳은지는 잘 모르겠다. 언어에 있어 명확한 기준은 반드시 필요한 것이고 그런 기준이 있다면 지키는 것이 옳지만 예외를 어디까지 허용할 것인지에 대해서도 한 번쯤은 고민해볼 필요가 있지 않을까? 특히나 문학 작품에서는 '문학적 허용'에 의해 기준에 맞지 않는 표기법이 다소 허용되는 편임에도 왜 '모밀'은 가차 없이 '메밀'로 바뀌어야만 했던 것일까? 모밀이든 메밀이든 작가가 그려낸 그 밤의 정경과 분위기는 달라지지 않을 텐데 말이다.

달은 지금 긴 산허리에 걸려 있다. 밤중을 지난 무렵인지 죽은 듯이 고요한 속에서 짐승 같은 달의 숨소리가 손에 잡힐 듯이 들리며, 콩 포기와 옥수수 잎새가 한층 달에 푸르게 젖었다. 산허리는 온통 모밀/메밀밭이어서 피기 시작한 꽃이 소금을 뿌린 듯이 흐붓한 달빛에 숨이 막힐 지경이다.

중학생 즈음이던가, 이 소설을 처음 접했을 때는 '소금을 뿌린 듯한 꽃밭'이라는 묘사가 신기하게 다가왔지만 그때까지만 해도 실제로 메밀꽃밭을 본 적은 없었기에 어떤 모습인지 잘 상상이 되지는 않았다. 그리고 나의 감상과는 별개로 이 소설이 시험에 나올

때는 대개 '공감각적 표현'과 관련된 문제가 나왔기 때문에 '소금을 뿌린 듯한 꽃밭'의 모습은 입시 지옥에 시달리는 동안 내 기억 속에서 한참 밀려나 있었다.

　새삼스럽게 다시금 메밀꽃이 화제가 된 건 《메밀꽃 필 무렵》보단 드라마 〈도깨비〉 때문일 것이다. 극 중에서 김신(공유 분)과 지은탁(김고은 분)이 처음 만났을 때 김신이 들고 있던 꽃다발이 메밀꽃다발이었고 둘이 사랑의 서약을 주고받으며 부부의 연을 맺은 곳 또한 메밀꽃이 만개한 메밀밭이었다. 한마디로 〈도깨비〉의 시작과 끝은 메밀밭이라고 할 수 있는데 예전부터 전해지는 설화에 따르면 도깨비는 소화가 잘 되는 메밀묵을 광적으로 좋아해 도깨비를 모시는 제사상에 항상 메밀묵을 올린다고 하니 메밀밭 역시 김신에게 큰 의미가 있는 장소였으리라.

　하지만 내 기억이 맞다면 극 중에서 공유가 메밀묵을 먹는 장면은 딱히 없었던 것 같다. 대신 소고기, 특히 스테이크에 집착했던 모습만 기억에 남아 있는데 극 중에서 김신이 얼마나 부유하고 고상한지를 드러내는 장치로써 그리고 캐나다에서 김고은과 함께 스테이크를 먹는 씬을 꾸리기 위해 일부러 그런 설정을 넣은 게 아

<도깨비>는 한류 열풍에 힘입어 여러 나라로 수출됐는데 동남아 지역에서는 '고블린', 미주 지역에서는 '가디언'이라는 제목으로 방영됐다. (사진 출처: 드라마 <도깨비> 중)

닌가 싶지만 못내 아쉬운 느낌은 있었다. 그렇다고 그 둘을 분위기 좋은 레스토랑에 마주 앉혀놓고 스테이크가 아니라 메밀묵을 썰도록 했다면 그 즉시 코미디가 되었겠지 싶기도 하다.

이 드라마로 인해 '도깨비'에 대한 관심이 높아지면서 우리가 흔히 알고 있는 도깨비의 모습, 머리에 뿔이 달리고 방망이를 들고 호피 무늬 옷을 입고 있는 도깨비의 모습은 일본 요괴인 '오니'의 모습이며 이는 일제 강점기에 일제가 우리에게 강제로 주입한 이미지일 뿐 한국의 도깨비는 이와 다르다는 이야기가 널리 퍼지기도 했는데 이 이야기는 맞기도 하고 틀리기도 하다. 일제 강점기에 일본의 오니에 대한 이야기가 조선에 전해졌고 이를 번역하는 과정에서 오니를 어떤 말로 번역할 것인지에 대한 고민이 있었던 듯한데, 오니를 도깨비로 번역하게 되면서 '오니=도깨비'라는 식의 관계가 형성된 것 같다.

다만 90년대에 들어서며 조선총독부 건물을 폭파시키는 등 일제의 잔재를 몰아내려는 적극적인 시도들이 이어졌고, 이에 오니와 도깨비는 완전히 달라! 하며 어떻게든 오니와는 다른 도깨비의 모습을 찾으려는 움직임이 활발하게 일어나면서 이런 이야기가 슬금슬금 퍼졌다고 볼 수 있다.

일본 여행 중 만난 각종 오니들

이익이 쓴 《성호사설(星湖僿說)》에 '독각(獨角, 도깨비를 한자로 기록한 것으로 추정)은 오래된 쓰레받기, 빗자루, 절굿공이 등에 붙은 귀신 같은 것으로 사람 흉내를 내어 사람처럼 행동하며 대화도 하고 시도 짓는다'고 비교적 명확하게 도깨비에 대한 이야기가 남아 있으나 그 모습에 대한 묘사는 거의 남아 있지 않고, 조선 후기부터는 괴물이나 불교에서 이야기하는 야차 등 괴이한 것들은 다 뭉뚱그려 '도깨비'로 기록한 듯한 분위기여서 오니를 처음 접한 그 시절에 이를 도깨비로 번역한 것도 무리는 아닌 듯하다.

그 어떤 문헌에도 구체적으로 도깨비의 모습에 대한 묘사가 남아 있지는 않은 형편이니 한국의 도깨비는 일본의 오니와 달리 뿔이 하나라거나 아예 없다거나 방망이를 들고 있지 않다거나 혹은 철퇴 같은 방망이가 아니라 평범한 나무 방망이라거나 호피 무늬 의상이 아니라 한복을 입고 있다거나 하는 식으로 엄밀하게 구분하려고 하는 것은 억지로 일본의 오니와 다르다고 주장하기 위한 느낌이랄까, 반대를 위한 반대 같은 느낌이랄까, 다소 지엽적인 부분에 집착하는 것 같다는 생각이다.

막국수

말의 생명력과
파급력

메밀로 만든 국수에 대해 이야기하다 보면 일단은 메밀의 함량이 얼마나 되는지가 몹시 궁금해진다. 메밀국수라면 역시 메밀 100%가 좋은 걸까? 메밀의 함량은 어떻게 알 수 있을까? 국수의 빛깔이 거무튀튀하면 할수록 메밀 함량이 높은 걸까?

도정과 제분 기술이 부족했던 과거에는 메밀 껍질을 완전히 제거하기 어려웠기에 메밀을 재료로 면을 만들다 보면 어쩔 수 없이 어두운 빛깔이 되었으므로 국수의 빛깔이 짙을수록 메밀 함량이 높은 것으로 통했다. 하지만 요즘은 완벽하게 이를 걸러낼 수 있음에도 사람들이 갈색 메밀국수에 익숙하다 보니 일부러 갈색빛이 돌도록 면을 만들어내고 있다고. 이는 흰쌀, 흰 설탕, 흰 밀가루 등 하얀색이 건강에 있어 죄악시되고 있는 상황과도 무관하지 않을 것이다.

그런데 놀랍게도 메밀국수라고 해봐야 메밀의 함량은 그닥 높지 않다. 일반적으로 제분을 끝낸 메밀은 글루텐의 함량이 적어 찰기가 떨어지는데, 이로 국수를 만들기 위해서는 어쩔 수 없이 밀가루를 섞어 반죽을 만들게 되고 대개 그 비율은 3:7 정도가 된다고 한다. 물론 메밀이 3이고 밀가루가 7이다!

이 정도를 두고 함량이 절반도 되지 않는데 과연 메밀국수라고 불러도 되는지 의구심이 드는데 여기에는 일장일단이 있다. 메밀의 함량이 높을수록 면이 푸석해 뚝뚝 끊어지기 쉽고 그렇게 되지 않도록 하려면 숙련자의 비법이 필요한데 그 말은 곧 귀하고 비싸다는 소리로 해석할 수 있기 때문이다.

메밀보다 밀가루의 비율이 더 높다 한들 메밀국수는 메밀국수고, 메밀로 만든 국수 요리 중 냉모밀 다음으로 내 머릿속에 떠오르는 것은 막국수다. 하지만 막국수는 다른 면 요리와는 다소 그

지위에 차이가 있다. 다른 면 요리들이 그 자체로 다들 주연급 자리를 차지하고 있다면 막국수는 대개 닭갈비나 족발, 보쌈 등에게 주연 자리를 내어준 채 조연의 자리에 머무르고 있어서다. 간장 맛으로 단출하게 먹는 냉모밀마저 주연 자리를 당당히 꿰찼는데 그보다 훨씬 다채롭고 화려한 맛의 막국수가 조연이라니!

개인적으로 막국수가 조연의 자리를 쉬이 벗어나지 못하는 이유는 왠지 그 이름에 있는 게 아닌가 싶다. 막국수의 어원은 결국 '국수' 앞에 붙은 '막'이 어떤 의미인지에 따라 갈리는데, 기록으로 명확하게 남아 있지 않은 내용들이 대개 그렇듯 여러 의견이 분분하다. 이 의견들을 알아보기 이전에 우선 '막'이라는 글자가 어떤 상황에서 어떻게 쓰이는지를 알아보자.

우선 막과자, 막소주 등에 쓰이는 '막'은 '싸구려' 혹은 '품질이 낮다'는 의미다. 표준국어대사전에 따르면 '막과자'의 경우 '마구 만들어 질이 좋지 않은 과자'로, 막소주는 '품질이 낮은 소주'로 정의되어 있다. 개인적으로 '막과자'는 생소한 단어여서 조금 공부를 해보니 '막과자'란 내가 아는 단어로는 이른바 '불량식품'이었다. '불량식품'은 무허가업체, 비위생적 제조 환경 등과 일맥상통하는 느낌인데 이는 '마구 만들어 질이 좋지 않은 과자'라는 사전적 의

미와도 어느 정도 통하는 부분이 있다. 하지만 본래 막과자는 영세업체에서 만드는 저렴한 소포장 과자, 주로 학교 앞 문방구에서 판매되던 '밭두렁'이나 '아폴로' 등을 통칭하는 단어이고, 이런 과자들은 식약처에서 정식으로 허가를 받았으니 '막과자'는 참 억울할법하다.

다음은 막일, 막노동, 막춤 등의 막. 여기서의 '막'은 정해진 규격 없이 닥치는 대로, 대강 한다 정도일 것이다. 이렇게 보면 접두어 '막'은 어느 쪽이든 딱히 좋은 인상을 주는 단어는 아닌 것 같다.

그렇지만 '막'이 붙는 단어 중 최악은 '막장'이 아닐까 싶다. 경상도 지역에서 소금 대신 순대에 찍어 먹는 그 '막장' 말고, 광산 가장 안쪽 지하 끝부분을 일컫는 그 '막장'도 말고, '막장 드라마' 할 때 쓰이는 바로 그 '막장' 말이다. '막장'은 여러 뜻이 있지만 이제 다른 뜻들은 잊힌 듯하고 포털 사이트의 오픈사전에는 아예 이렇게 기록되어 있다.

'인생의 밑바닥에서 조금의 희망도 보이지 않는 타락한 상태'
'인생이 갈 데까지 간 사람을 지칭'

한때 석탄공사 사장이 '막장은 숭고한 산업 현장이자 진지한 삶의 터전'이라며 함부로 아무데나 '막장'이라는 단어를 붙여 쓰면서 '막장'에 대한 부정적인 이미지를 더 이상 확산시키지 말아달라고 언론사 등에 항의 겸 부탁을 하기도 했지만 말의 생명력과 파급력이란 때때론 걷잡을 수 없는 것이어서 누군가의 진심 어린 호소, 언론사의 노력으로도 막장에 대한 인식은 크게 달라지지 않았다. 안타깝게도 대세는 이미 기울었고 막장은 이제 한술 더 떠 아예 '개막장'으로 통한다.

한편 '막'은 다른 단어 앞에 달라붙는 접두어가 아니라 그 자체만으로 부사로도 쓰인다. 다행히 이쪽의 '막'에는 부정적인 의미는 빠져 있다. 예를 들어 '지금 막 만들었다'는 '당장'의 의미를 가지며, '비가 막 쏟아진다'는 '심하게', '마구' 정도로 볼 수 있을 것이다.

그렇다면 막국수의 '막'은 이 수많은 '막' 중 어떤 '막'일까? 이 부분에 있어 정답은 없겠으나 메밀을 마구 닥치는 대로 갈아 거칠고 푸석하게, 다른 말로 하면 '질이 좋지 않게' 만든 국수, 미리 만들어둔 국수가 아니라 바로 지금 뚝딱 만든 국수 둘 중 하나일 것

안타깝게도 대세는 이미 많이 기울었지만, 숭고한 산업 현장이자 진지한 삶의 터전으로서의 '막장'도 오래도록 기억될 수 있기를. (문학진, '강원탄광')

같은데 내 생각엔 후자가 아닐까 싶다. 하지만 앞서 예로 든 많은 단어들이 그렇듯, '막'이라는 단어에는 아무래도 '대강', 더 심하게는 '엉망'이라는 뉘앙스가 담겨 있기에 막국수 또한 조연의 신세를 면치 못하는 게 아닌가 생각한다면 이는 너무 비약일까?

그나마 요즘은 막국수를 주연으로 쳐주는 막국수 전문점이 점점 늘어나는 추세다. 막국수 때문에 별시리 먹고 싶지도 않은 족발이나 보쌈을 강제로 주문해야 하는 일은 이제 많이 줄었고 다행스럽게도 회사와 멀지 않은 곳에 꽤나 유명한 막국수 전문점도 있다. 이 집은 여름에는 번호표까지 받아야 할 만큼 길게 줄이 늘어서는 곳인데 메뉴는 물막국수, 비빔막국수, 편육 이렇게 딱 세 가지뿐이다.

나는 강렬한 비빔장 맛보다는 동치미 국물의 슴슴한 맛으로 먹는 물막국수를 더 좋아한다. 특히나 이 집의 물막국수는 반찬으로 딸려 나오는 명태회무침과 함께 먹으면 궁합이 아주 좋다. 메밀국수의 고소함이 배가되는 느낌! 하지만 명태회무침은 무려 리필 불가여서 남은 국수의 양을 봐가며 적당히 분배해 먹어야 한다. 돌림노래를 부르다 보면 나도 모르게 남의 노래를 따라가게 되어 내 노래가 끝나야 할 시점이 도래하기 전, 남의 노래가 끝나는 시점에 덩달아 내 노래도 끝나는, 한마디로 노래가 엉망이 되는 경우가 있는데 자칫 남은 국수의 양과 명태회무침의 양을 조율하지 못하면 이 집에서 곧잘 이런 꼴을 보게 되고 오후 근무가 시작하기도 전에 빈정이 상하는 일이 벌어질 수 있다.

메밀은 파종 시기에 따라 봄 메밀과 가을 메밀로 구분되는데 국립민속박물관에서 우리의 민속 문화를 집대성하여 야심차게 편찬 중인 〈한국민속대백과사전〉에 따르면 중부 지방을 기준으로 가을 메밀은 10월 상순경 수확한다고 기록되어 있다. 즉, 막국수는 늦가을에 수확되는 메밀의 계절적 특성과 비슷한 시기에 담그는 동치미 국물을 활용해 개발된 음식이며 이는 평양냉면의 시작과도 흡사한 부분이 있다. 그리고 앞서 언급했듯, 찰기가 없는 메밀로 국수를 만드는 일에는 신경 쓸 부분이 많기 때문에 봄, 여름 등 할 일이 많고 바쁜 농번기에는 도저히 메밀로 국수를 만들어 먹을 겨를이 없었으리라. 이런 내용들은 냉면이 본래 겨울 음식이었듯, 막국수 또한 겨울 음식이었음을 증명하는 내용들이다.

하지만 내 입에 막국수는 역시 여름에 먹어야 맛이다. 방금 막 만들어낸 국수치고 맛없는 국수가 있기야 하겠냐만은 무더운 여름날 막국수 전문점에서 갓 삶아낸 메밀국수 위에 살얼음 낀 동치미 국물을 부어 먹는 그 맛은 정말이지 별미다. 남들은 어떻게 생각할지 몰라도 개인적으로 '이열치열', '이냉치냉'처럼 '대체 이게 뭔 소리야?' 싶은 말이 없고, 본래 차가운 성질의 국수는 겨울에 먹는 음식이라고 한들 내게는 아무런 소용도 없다.

나는 내가 먹고 싶은 것을 먹고 싶은 때에 거리낌 없이 먹으며 살고 싶다. 그런 일이 가능한 시대에 살고 있어서, 그리고 내가 언제든 막국수 한 그릇쯤은 큰 부담 없이 사 먹을 수 있는 사람이어서 오늘도 즐겁다.

소면

밥상 공동체를 위한
소박한 위로

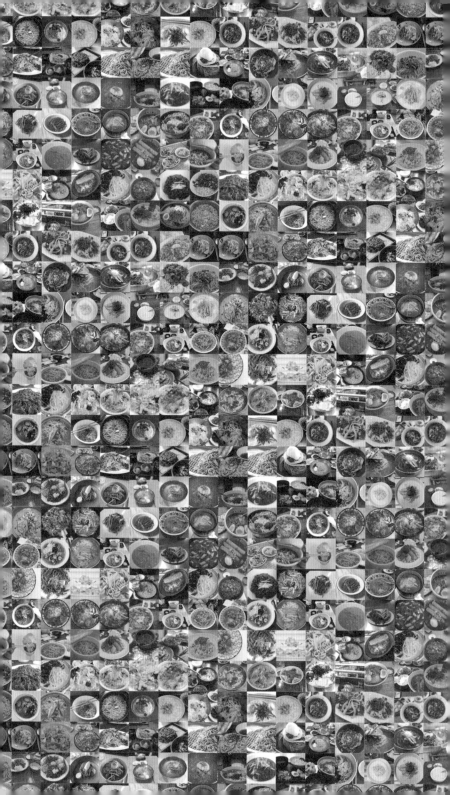

처음 이 동네로 이사를 오고 가장 당혹스러웠던 점은 아파트 단지가 제법 큰 규모임에도 근처에 적당히 뭘 사 먹을 만한 식당이 없다는 점이었다. 그때는 배달앱 같은 것도 없었어서 배달을 시키기도 마땅찮았고, 그나마 내 살림을 차린 재미에 적당히 해 먹으며 지내긴 했지만 내가 맛집 하나 없는 동네에 살게 될 줄이야! 그러던 와중에 같이 일하던 분 중 한 분이 근처에 사신다는 걸 우연히 알게 되어 동네에 먹을 만한 곳이 있는지 물을 기회를 얻었다.

"치킨집이 괜찮고, 그 외엔 진짜 먹을 데 없어요."

괜찮다는 그 치킨집은 사실은 치킨집이 아니라 호프집으로, 아파트 단지로 향하는 초입에 있는 올드한 가게였는데 외관만 봐선 그닥 방문하고 싶지 않게 생긴 가게였다. 그렇지만 동네 주민의 추천을 받고 나니 호기심이 발동, 기회를 보아 방문해봤다.

할머님과 아드님이 꾸려가는 비좁은 호프집. 몇 개 되지도 않는 작은 테이블들이 그나마도 다닥다닥 붙어 있어 내 앞 사람의 이야기보다 옆 테이블의 이야기가 더 잘 들릴 환경. 가장 인상적이었던 건 가게 안의 모든 사람들이 약속이라도 한듯 다들 똑같은 메뉴를 먹고 있었다는 것인데, 그건 후라이드치킨과 골뱅이소면이었다. 여기에 다른 메뉴를 추가한 사람들도 있긴 했지만 치킨과 골뱅이소면이 빠진 테이블은 정말 단 한 곳도 없었다. 애당초 치킨집으로 소개를 받고 왔으니 치킨은 당연히 주문할 생각이었지만 골뱅이소면은 예상치 못한 메뉴였다. 그렇지만 다들 그렇게 먹고 있으니 나도 그렇게 주문할 수밖에!

둘을 같이 먹어보니 기름진 치킨으로 인해 자칫 느끼할 수 있는 타이밍에 적당히 시원하고 매콤한 골뱅이소면으로 입가심을 할 수 있고 골뱅이소면 때문에 입이 얼얼할 땐 치킨으로 매운맛을 달랠 수 있어 입이 지루해질 틈이 없었다. 즉, 치킨은 골뱅이소면을 부르고 골뱅이소면은 또 치킨을 부르는 선순환의 구조를 활용, 쉬이 엉덩이를 뗄 수 없게 하는 마성의 집이었다. 그전까지는 이 두 음식이 이리도 궁합이 좋은 줄 몰랐었는데, 이제야 그걸 알게 되어 억울할 정도였다. 역시 동네 주민의 추천은 다르구나! 남들이 다 그렇게 먹는 데는 이유가 있구나!를 실감하며 이후 종종 이 집의 치킨과 골뱅이소면을 사 먹게 되었다.

　골뱅이소면은 골뱅이무침에 소면을 비벼 먹는 게 정석이겠으나 난 매운 걸 잘 먹지 못하므로 무침 한 입, 소면 한 입 하는 식으로 따로따로 번갈아 먹는다. 그리고 개인적으로 골뱅이소면은 골뱅이무침보단 소면을 먹기 위한 음식이라고 생각하기에 골뱅이가 많든 적든 크게 개의치 않는다. 그저 알싸하고 매콤한 비빔장 맛을 담백한 소면이 깔끔하게 중화시켜준다는 점이 참 좋다.

　골뱅이소면에 다른 면이 아니라 소면을 활용하는 데는 이유가 있다. 소면은 가느다란 면발 덕분에 양념이 고루 잘 묻는 특성이 있어 비비는 조리법에 잘 맞기 때문이다. '가느랗다'는 한편으로 '작다'는 의미와 통하는 부분이 있으니 이런 의미를 담아 소면은 '小麵'일 것 같지만! 한자사전에서 찾아보면 '素麵'이라 되어 있다.

'素'는 보통 '흴 소'로 읽으니 소면은 가느다란 국수가 아니라 하얀 국수라는 의미인 걸까? 하지만 이 한자는 '소박하다'는 의미로도 쓰인다. '소면'을 국어사전에서 찾아보면 하얗다는 성질에 대해서는 일절 언급되지 않는다. 그저 '고기붙이를 넣지 않은 국수'로 정의되어 있다. 골뱅이도 일종의 (물)고기인데 그렇다면 '골뱅이소면'이라는 음식은 어떻게 설명되어야 하는 것일까?

소면의 미스터리는 여기서 그치지 않는다. 소면의 '素'가 하얗다는 소리인지 고기붙이를 넣지 않았다는 뜻인지는 몰라도 '小'가 아닌 것은 분명한데, 마트에 가보면 소면보다 좀 더 두꺼운 면이 중면(中麵)이라는 이름으로 떡하니 진열되어 있다. 이건 분명 대-중-소 할 때의 그 분위기가 아닌가! 그렇다면 중면보다 더 두꺼운 면은 대면(大麵)인 걸까? 아니, 왕면(王麵)이다. 지금은 단종되었지만 1980년에 샘표에서 '왕면'이라는 이름의 국수를 출시했었다. 그렇다면 소면보다 더 얇은 면도 있을까? 있다. 세면(細麵)이다. 단종된 왕면과 달리 세면은 아직 나온다.

이쯤하면 언어유희의 수준을 넘어 혼돈의 도가니 수준이다. '소면'에는 면의 굵기에 대한 언급이 전혀 없음에도 소면은 마치 '작다'는 의미가 포함된 양 불리고 있고, 소면을 활용한 국수 중 우리가 흔히 접하는 것들 대부분은 고기붙이를 넣은 국수다. 우리가 어떤 사람들인가! 별 고명 없이 비빔장 맛으로 슥슥 비벼 먹는 비빔국수라 해도 삶은 달걀 하나는 꼭 올리는 사람들 아닌가! 그런데 고기붙이를 넣지 않다니! 고기붙이를 넣지 않은 국수라는 설명이 실상과 맞지 않다는 것은 설렁탕만 봐도 알 수 있다. 아예 고깃국에 소면을 말아버린 것이 설렁탕이니 말이다. 설렁탕 속에 소면이 들어간 것은 1960~70년대 혼분식 장려운동 때 밀가루 국수를 25퍼센트 이상 추가해 팔도록 정부에서 설렁탕집에 강제했기 때문이니 그리 오래되지는 않았지만, 내 경우엔 처음부터 설렁탕을 그렇게 먹어버릇해서 그런지 소면이 빠진 설렁탕은 좀 심심하다.

고기붙이를 넣지 않은 국수라는 것은 아마도 일본식 소면에서 딸려온 의미가 아닐까 싶다. 1809년 빙허각 이씨가 지은 음식책인 《규합총서(閨閤叢書)》에 소면이 '왜면'으로 소개된 것으로 보아 일단 소면은 일본에서 건너온 것이 확실하다. 그렇지만 비빔국수나 잔치국수에 소면을 응용하는 한국과 달리 일본의 소면은 먹는 방법이 좀 다르다. 일본의 소면은 그대로 삶아내어 차가운 쯔유 국물에 찍어먹는다. 우리식으로 치면 냉모밀에서 면만 소면으로 바뀐 셈이다.

이렇게 먹는 국수라면 고기붙이를 넣지 않은 국수라는 설명도 이해가 간다. '素'라는 한자에는 앞서 소개한 뜻들 외에 '아무것도 섞이지 않은 본래의 것'이라는 뜻도 있는데, 일본에서 먹는 방식대로 소면을 먹는다면 이 뜻에도 어느 정도 부합하는 듯하다.

소면을 냉모밀 국물에? 한국에선 익숙지 않은 방식이라 이질감이 들기도 하지만 직접 먹어보면 딱 예상 가능한 그 맛이다.

가족 영화의 거장으로 불리는 고레에다 히로카즈 감독의 영화 〈어느 가족〉에 이런 식으로 소면을 먹는 장면이 나온다. 이 영화는 '가족이란 무엇인가'를 되새기게 하는 영화이지만 엄밀히 따지자면 '가족'보다는 밥상 공동체, 그러니까 '식구'란 무엇인가에 대해 묻는 영화다. 이 영화 속에서 쯔유 국물에 찍어 먹는 소면이 등장하는 것은 이런 식으로 소면을 먹는 것이 다분히 일상적이고 평범한 일임을, 그리고 누군가에게는 소면이 식구들과 함께 먹는 '소울 푸드'임을 알려주는 것처럼 느껴진다.

〈어느 가족〉은 〈기생충〉보다 1년 전에 황금종려상을 수상했는

고레에다 히로카즈 감독은 소면에서 물이 똑똑 떨어지는 장면을 통해 두 사람의 시간
이 얼마나 흘렀는지를 유추할 수 있게 하고 싶었다고 라이브톡에서 밝히기도 했다. (사
진 출처: 영화 <어느 가족> 중)

데, 한때 이 영화를 보고 나도 소면을 쯔유 국물에 찍어 먹어봤다. 생각보다 괜찮더라는 간증이 줄을 잇기도 했다. 〈기생충〉의 짜파구리가 인기를 끌었던 것과 비슷한 맥락일 것이다.

그렇지만 소면이 최근 주목을 받은 것은 새삼스럽게 그 이름 때문도, 한 편의 영화 때문도 아니다. 몇 년 전 발생한 지진으로 인해 많은 사람들이 재난이 생각보다 우리 가까이에 있음을 실감하고 '생존 가방'을 꾸리면서다. 기름에 튀겨놓아 몇 달 이내로 산패가 일어나는 라면에 비해 소면은 변질 없이 몇 년도 갈 수 있고, 굳이 끓이지 않더라도 물에 담가 불리거나 유사시엔 그냥 씹어 먹어도 충분하다는 사실이 알려지면서 많은 이들이 생존 가방 속에 소면을 챙겼다.

생존 가방을 준비해두는 등 재난 상황에서 생존할 수 있도록 실질적으로 대비하는 사람들을 프레퍼prepper라고 부른다. 어느 정도 수준까지 준비하느냐에 따라 프레퍼도 프레퍼 나름이긴 하지만 대개 프레퍼라고 하면 인류 멸망이나 지구 종말의 날이 닥칠 것을 상상하며 두려워하는, 일종의 과대망상에 빠진 사람들로 취급받는 경우도 많다. 그렇지만 1950년대 미국과 소련 사이의 냉전으로 인해 핵전쟁 발발의 위기가 고조되면서 대피 시설을 마련하고 비상 식량을 비축하며 자가발전 등을 통해 전기를 사용할 수 있도록 준비하는 사람들이 등장하며 처음 '프레퍼'라는 용어가 생겼으니 프레퍼는 꽤나 그럴싸한 시대적 배경에서 출현했다고 볼 수도 있을 것이다. 그 시대에는 정말 그럴 만했으니까.

요즘 프레퍼들은 이런 위협보다는 지진, 화산 폭발, 쓰나미, 원전 사고 등에 대비한다. 모두 우리가 최근 직간접적으로 경험한 재난들이다. 코로나19 바이러스로 인한 팬데믹 사태도 프레퍼와 결코 무관하지 않다. 재난으로 인해 곤경에 빠졌을 때 사회 시스템이 그 문제를 합리적으로 해결해주길 기대하지만 이를 신뢰할 수 없으니 '내 안전은 내가 지킨다'는 마음이 프레퍼의 핵심일 것이다.

생존 가방을 꾸리는 일을 그저 유난스러운 일로 치부하기에 우리는 이미 너무 멀리 와버렸다. 언제부턴가 '이불 밖은 위험하다'는 말은 개그가 아닌 현실이 되었다.

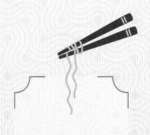

냉면

그지없이 고담하고
슴슴한 기억의 맛

냉면은 우리와 무척 가까운 음식임에도 다른 면 요리에 비해 유독 어렵게 느껴진다. 지나치게 비싸다고 욕을 먹으면서도 그 인기는 식을 줄을 모르고, 미식가들은 '냉면러버'임을 자처하면서도 언제부터인지 그 맛에 대해 품평을 하는 일은 극히 꺼린다. 자칫 폭격을 맞을 수도 있다는 것을 알기 때문이리라.

물론 세상의 모든 냉면이 다 이런 취급을 받는 것은 아니다. 냉면 중에서도 특히 평양냉면이 그러한데, 일단 '평냉부심'이나 '평뽕'과 같은 단어를 만들어내는 음식은 평양냉면이 거의 유일하거니와 쇠붙이가 닿으면 냉면의 맛을 해칠 수 있다며 면에 가위질을 하는 일은 물론이고 스테인리스 젓가락으로 먹는 일조차 금기시되어 평양냉면을 먹을 때는 나무젓가락을 꼭 준비해 가야 한다거나, 겨자나 식초를 뿌려서는 안 된다거나, 냉면 맛을 보기 전에는 절대 김치 등의 밑반찬으로 입을 '더럽히면' 안 된다는 식의 가르침이 있을 정도이니 평양냉면에 대해서는 말을 아끼는 편이 차라리 현명할 것이다.

대체 왜 평양냉면에만 이런 현상이 일어날까에 대해 나름 고민해본 적이 있다. 간단하게 생각하면 평양에서 원조를 직접 경험해본 사람이 거의 없어서 그런 게 아닐까 싶었으나 이는 함흥냉면도 마찬가지. 그럼에도 '함냉부심'이나 '함뽕' 같은 단어는 없다는 점에서 그렇게 단순한 문제는 아닐 수도 있겠구나 싶다.

나 또한 함흥냉면보다는 평양냉면을 좋아하는 사람 중 하나지만 내 경우, 그 이유는 아주 단순하다. 이가 좋지 않아 쉬이 끊어지는 면이 좋고, 매운 것을 잘 먹지 못해 비빔냉면은 거의 못 먹기 때문이다. 물론 함흥냉면에도 물냉면이 있긴 하지만 함흥냉면은 왠지 꼭 빨간 비빔장에 먹어야만 제대로 먹는 것 같은 느낌이라, 내

머릿속에서 어느새 물냉면은 평양냉면, 비빔냉면은 함흥냉면으로 아예 굳어져버렸다. 게다가 매운 음식을 점점 안 먹어버릇하니 점점 더 못 먹게 되어 이제 함흥냉면은 만두가 있어야만 간신히 먹을 수 있는 지경에 이르렀다.

즉, 내가 좋아하는 냉면은 평양냉면이라기보다는 맵지 않은 물냉면인데, 내 기억 속의 이런 물냉면은 거의 집에서 먹었던 것들이다. 한때 우리 집에서 일요일 점심은 항상 인스턴트 냉면이었다. 이는 다분히 아빠 때문이다. 엄마는 딱히 냉면이라는 음식을 좋아하지 않으면서도 금방 차려내고 치울 수 있는 음식으로 일요일 점심 메뉴가 고정된 것을 나쁘지 않게 생각했던 것도 같다.

물을 끓여 면을 삶아내어 찬물에 헹군 후 낱개로 포장되어 있는 냉면 육수만 부으면 완성되는 인스턴트 냉면은 들이는 노력에 비해 썩 괜찮은 맛을 내줬다. 면을 통째로 끓는 물에 던져 넣으면 되는 라면과 달리 면을 한 가닥씩 손으로 직접 떼어 삶아야 하는 귀찮음만 감수할 수 있다면 인스턴트 냉면은 일요일 점심 메뉴로 나쁘지 않다.

어떤 계기로 '일요일 점심은 냉면'이라는 공식이 깨졌던지는 당연히 기억나지 않는다. 사는 게 대개 그렇듯 별 사건이 있었던 것 같지는 않다. 다만 아직도 거하게 약주를 한 다음 날 아침에 시판 냉면 국물로 해장을 하는 아빠의 해장법만은 그대로라 인스턴트 냉면은 항상 냉장고 한 켠을 차지하고 있다.

시판 냉면 국물의 포장지에 빠지지 않고 등장하는 표현이 있다. 그건 바로 '감칠맛'이다. 감칠맛은 어떤 맛일까? 인간은 생존에 불리한 음식을 피하고 생존에 유리한 음식을 선택하는 방향으로 진화해왔는데, 생존에 불리하고 유리한 음식을 구분하는 기본은 바로 '맛'이다. 자연계에서 쓴맛은 대개는 독이 들어 있으며 신맛은 상한 음식인 경우가 많다. 이에 반해 단맛은 잘 익은 나무 열매의 맛으로 대표된다. 잘 익은 나무 열매 못지않게 인간에게 꼭 필요한 것은 고기, 그러니까 단백질인데 단백질 자체는 그 입자가 너무 크고 맛도 복합적이라 하나의 맛으로 설명하기 어렵다. 다만, 단백질을 구성하는 여러 아미노산 중 '글루탐산'이라는 성분이 있는데 과학적으로는 이 글루탐산의 맛이 대표적인 감칠맛으로 불리고 있다.

감칠맛은 달다, 쓰다처럼 간단히 설명되는 맛은 아니다. 누군가는 입에 착 붙는 맛이라고 하며 누군가는 고향의 맛이라고 한다. 어머니의 손맛, 먹을수록 당기는 맛, 뭐라 설명은 못 하겠지만 하여간 맛있는 맛 등 감칠맛에 대한 감상은 사람마다 다르다.

이렇게 복잡미묘한 감칠맛은 어떻게 발견되었을까? 일본의 이케다 키쿠나에 교수가 다시마 국물의 맛에는 인간의 미뢰가 느끼는 기본적인 네 가지 맛(단맛, 쓴맛, 신맛, 짠맛)이 아닌 제5의 맛이 존재하며, 이 맛이 글루탐산에서 비롯됨을 밝혀내고 이 맛의 이름을 '우마미'로 지으면서 감칠맛이 감성이나 추억에서 비롯된 맛이 아니라 과학적으로 실재하는 맛임을 알렸다.

이후 이케다 교수는 글루탐산에 나트륨을 결합시켜 L-글루탐산나트륨을 만들어냈는데, 이 물질이 바로 우리가 이야기하는 MSG다. 사실 MSG라는 단어는 글루탐산을 의미하는 것이지만 우리가 흔히 말하는 MSG는 '화학조미료'를 의미하는 경우가 많기에 자연계에 존재하는 천연 글루탐산보다는 L-글루탐산나트륨을 의미하는 것일 때가 많다. 한때는 MSG 조미료가 '찬장 속의 소리 없는 살인자'로까지 불렸고 어떤 음식에서 '감칠맛이 난다'라고 하면 화학조미료를 듬뿍 뿌린 것과 동급으로 통하면서 건강에 좋지 않은 음식으로 인식되기도 했지만 우리 몸 안에서 천연 글루탐산과 인공

글루탐산이 다르게 작용한다는 과학적 근거는 딱히 없다.

MSG 조미료는 국제식품첨가물전문가위원회에서 건강에 해를 끼치지 않으니 하루 섭취 허용량을 정할 필요도 없다고 선언하기까지 했지만 여전히 그에 대한 부정적인 인식은 남아 있는 상황이다. 어쨌든 인공적인 게 좋을 리는 없다거나 현대 과학에선 이상이 없다고 하지만 미래에는 어떻게 될지 모르는 것 아니냐 하는 걱정 때문에 요즘의 감칠맛은 양지 육수를 활용했다거나 동치미 국물로 맛을 냈다는 식으로 그 맛의 출처를 확실히 밝히거나 아예 '감칠맛'이라는 표현 대신 '깊은 맛' 등으로 대치해 사용하기도 한다.

냉면에 대해 이야기하다 보면 백석의 〈국수〉를 한 번쯤은 언급하게 된다. 이 시는 시각, 미각, 후각, 촉각 등의 감각을 총동원해 국수를 설명하고 있으며, 이 국수는 무려 평양냉면에 가까운 국수처럼 보인다. 그렇지만 이 시에서 이야기하는 국수가 평양냉면인지 아닌지보다 더 중요한 점은 국수는 혼자 먹는 음식이 아니라 함께 먹는 음식이라는 점, 그리고 본질적으로는 시인이 국수를 통해 가족에 대한 향수를 표현했다는 점이다. 그러니까 일요일마다 온 가족이 모여 먹었던 냉면이 인스턴트였어도, 설령 MSG 조미료로 맛을 냈었다 해도 크게 상관은 없는 것이다. 바쁜 일상 속에서도 그 시간만큼은 가족이 모두 모여 똑같은 걸 함께 먹었다는 사실, 그 기억이 지금까지 내 기억 속에 남아 있다는 사실이 더 중요하니까.

아, 이 반가운 것은 무엇인가
이 히수무레하고 부드럽고 수수하고 슴슴한 것은 무엇인가
겨울밤 쩡하니 익은 동티미국을 좋아하고 얼얼한 댕추가루를 좋아하고 싱싱한 산꿩의 고기를 좋아하고
그리고 담배 내음새 탄수 내음새 또 수육을 삶는 육수국 내음새 자욱한 더북한 삿방 쩔쩔 끓는 아르궅을 좋아하는 이것은 무엇인가

이 조용한 마을과 이 마을의 으젓한 사람들과 살틀하니 친한 것은 무엇인가
이 그지없이 고담하고 소박한 것은 무엇인가

냉면 그지없이 고담하고 슴슴한 기억의 맛

우동

나의 세계는
더 넓어져야 한다

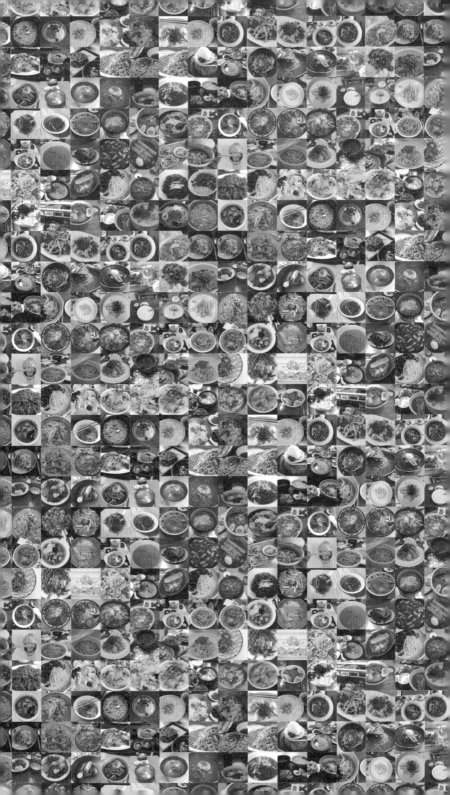

초등학생이던가 중학생이던가 하던 시절에는 농심의 생생우동을 집에 박스째 쌓아두고 먹었다. 학교 수업을 마치고 집에 오면 엄마는 집에 있을 때도 있고 없을 때도 있었지만 생생우동은 항상 박스 속에 가득 있어 언제든 먹을 수 있었다.

　이름만 우동이고 적당히 우동을 따라 하다 만 다른 인스턴트 우동들과 달리 생생우동은 기름에 튀긴 면 대신 생면을 활용한 데다가 국물도 꽤 맛있었다. 후레이크라 불리는 건더기는 상대적으로 부실했지만 어차피 인스턴트란 다 그런 것이라 크게 마음이 쓰이지는 않았다. 뒷면에 적힌 정식 조리법에 따르면 우동이 완성된 후 먹기 직전에 후레이크를 넣으라고 되어 있었지만 조리법 따위를 읽지 않는 쿨한 엄마는 항상 후레이크를 먼저 넣고 끓이셨기 때문에 엄마표 우동 속 후레이크는 늘 말랑해져 있었다.

그 시절에는 요리에 있어서 엄마가 절대적인 존재였기에 나도 동일한 방식으로 끓여 먹곤 했는데 세월이 많이 흐른 후, 우연한 기회에 뒤늦게 정식 조리법을 확인, 후레이크를 넣는 순서가 틀렸다는 것을 깨닫고는 나름 충격을 받았다. 뒤늦게 조리법대로 끓여 본 우동 속 후레이크는 단단하다 싶을 만큼 바삭한 식감이었다.

지금이야 이런 유의 제품을 마트에서 쉽게 만날 수 있지만 그 시절에는 그렇지 않았다. 그만큼 가격도 비쌌는데, 이런 비싼 인스턴트 우동을 그렇게나 쟁여둘 수 있었던 것은 당시 아버지가 관련된 일을 하신 덕분이었다. 정말 질리도록 실컷 먹었던 기억이다. 그리고 말은 이렇게 해도, '질리도록'은 그저 관용어일 뿐 사실 우동에 질린 적은 한 번도 없었다.

"국물이 끝내줘요" 하던 오래전 CF 속 대사와는 달리 내가 그렇게나 우동을 좋아한 것은 국물보다는 순전히 면발 때문이었다. 뽀얗고 매끈한 우동 면발은 소복이 내린 흰 눈이 연상되어 어여쁘기까지 하다. 촐싹 맞게 꼬불거리지 않으면서 오동통한 모양새도 마음에 쏙 든다. 좀 귀엽달까.

개인적인 취향을 밝히자면 우동은 이름도 귀엽다. 한때는 우동이 일본어이기 때문에 '가락국수'로 순화해야 한다는 이야기도 있었지만 '가락국수'는 '우동'의 그 동글동글한 느낌이 전혀 들지 않아 어색하다. 지금은 일본어라는 사실 자체를 떠나 고유명사의 하나로서 다시금 '우동'이 널리 쓰이는 분위기다.

우동(うどん)은 그 이름에서 알 수 있듯 일본의 대중적인 면 요리로 우리가 익히 들어온 '사누키우동'의 사누키는 카가와라는 지역의 옛 이름이다. 카가와현은 '우동'현이라는 별명을 가지고 있을 만큼 일본 내에서도 우동으로 유명한 지역인데 이 지역이 우동으로 유명해진 것은 예전부터 쌀보다 밀을 많이 키워왔고, 남아도는 밀가루를 소비하기 위해 우동을 적극 먹게 되면서라고 전해진다.

이렇다 보니 카가와현의 현청 소재지인 다카마츠에서는 우동 투어를 주력 관광 상품으로 밀고 있기도 하다. 말이 거창해 "우동 투어"지 사실 우동 투어는 별게 아니다. 맛있는 우동을 찾아 먹고 기뻐하는 것이 바로 우동 투어의 핵심. 스스로 발품을 팔아 우동집을 찾아 돌아다닐 수도 있고, 짜여진 일정대로 우동집들을 순례하는 우동 버스를 이용할 수도 있다. 그보다 조금 더 자유롭게 이동하고 싶다면 우동 택시를 대절할 수도 있는 등 그 방법은 다양하니 각자의 취향에 맞게 선택하면 된다.

한국에서 만날 수 있는 우동은 대개 그 모습이 비슷하기에 '우동으로 투어를 할 것씩이나 되나' 싶을 수도 있으나 알고 보면 우동의 세계는 꽤나 버라이어티하다. 그 시절 나의 세계를 가득 채웠던 생생우동처럼 따끈한 국물이 넘실거리는 '가케우동', 국물 대신 소스를 자작하게 넣고 약간은 '흥건'한 비빔면 스타일로 비벼 먹는 '붓카케우동', 뜨거운 면발을 면수에서 건져낸 후 국물에 찍어 찍어 먹 스타일로 먹는 '가마아게우동', 가마아게우동과 유사하지만 면발이 차갑게 제공되어 마치 메밀소바에서 면만 우동 면으로 바뀐 것 같은 '자루우동' 등을 차례차례 맛보다 보면 위장이 부족할 지경이다.

그렇지만 결국 우동은 찰진 면발, 그리고 맛있는 국물(혹은 소스), 이렇게 두 가지 요소가 전부인 음식이다. 다른 고명들이 추가적으로 올라가기도 하지만 본질은 면발과 국물에 있다. 따라서 냉정하게 따져보면 사실 우동은 별 영양가가 없는, 그저 정제된 탄수화물 덩어리와 나트륨 폭탄에 불과할 수도 있다.

　그럼에도 불구하고 우동이 사랑을 받는 것은 바로 그 단순함 때문이 아닐까 싶다. 한 그릇 안에 모두 담을 수 있고 별다른 귀찮은 도구나 추가적인 반찬이 필요 없는 음식. 후루룩 하는 소리와 함께 오늘 하루도 큰 어려움 없이 그럭저럭 흘러간다는 안도감을 주는 음식이 그리 흔치는 않으니까. 물론 큰 부담 없는 가격 역시 우동의 인기에 한몫 거들고 있을 것이다.

　그 시절 나에게 우동이란 하교 후 후다닥 끓여 먹던 인스턴트 우동이 전부였지만 지금의 나는 세상에는 내가 몰랐던 수많은 우동이 있고 더 나아가 수많은 가능성이 있다는 사실을 알게 되었다. 내가 이미 경험했고 알고 있던 것들이 나의 세계를 이루고 있겠지만, 그 세계를 넘어서는 새로운 가능성이 세상에 분명히 있다는 것, 그렇기 때문에 '나의 세계는 더 넓어져야 한다'는 것을 마음에 새길 수 있게 해주는 한 그릇, 역시 우동이다.

다카마츠 우동 투어의 결과물들. 물론 코로나19가 덮치기 전이다.

콩국수

낯선 맛들에 대한
모험

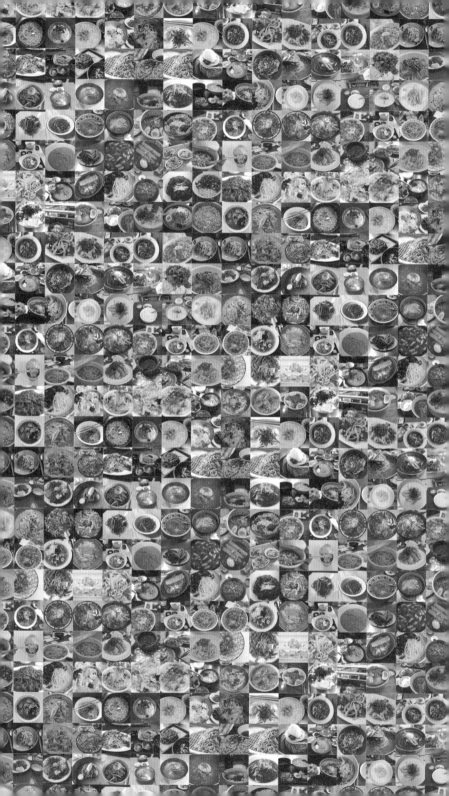

어린이 시절, 콩국수는 정말이지 이상한 음식이었다. 가느 랗게 채 썬 오이 몇 조각에 면만 덜렁 들어 있는, 허연 빛깔의 차가운 국수라니. 게다가 어른들이 고소하다면서 잘도 들이키던 그 콩물은 어찌나 걸쭉하고 비리던지. 콩자반이나 콩밥을 싫어하는 '초딩 입맛'이 아닌, 나름 조숙한 입맛의 어린이에게도 콩물은 무리였던 듯싶다. 이거 이모가 직접 콩을 갈아서 만들어준 거야, 몸에 좋은 거야, 면은 남기더라도 국물은 먹어야 돼 하는 소리에 싫어싫어, 맛이 이상해, 비린내 나 하며 쇼파에서 펄쩍펄쩍 뛰었던 기억이 아직도 생생하다.

어른에 비해 어린이들은 새로운 것, 낯선 것에 거부 반응이 크다. 보통 생후 4~5개월가량부터 아기들은 낯가림을 시작하면서 낯선 사람과 익숙한 사람을 구분할 수 있게 되고, 낯선 사람과 마주하면 겁에 질려 울음을 터트린다. 이러한 현상은 사람뿐 아니라 이후 음식에도 나타나는데 이를 구체적인 용어로는 '푸드 네오포비아'라고 한다. 특정한 식재료나 음식을 싫어하는 수준이면 '편식'이라 칭하며 적당히 넘어갈 수 있지만 때로는 싫어하는 수준을 넘어서 무서워하는 경우까지 갈 수도 있어 마냥 대수롭지 않게 볼 일은 또 아니다.

골고루 이것저것 먹여가며 자녀를 보살펴야 하는 부모들에게는 편식, 푸드 네오포비아가 꽤나 골칫거리겠지만 사실 낯선 음식에 대한 두려움은 생존에 유리한 성질이며 본능이다. 내가 이전에 수차례 경험해보아 확인된 것을 재선택하는 것이 안정적이니까. "이거 한 입 먹으면 간식 줄게" 하는 사탕발림에 넘어간 거라면 또 모를까, 새로운 음식에 대해 굳이 모험을 하려고 들 어린이는 별로 없을 것이다. 이는 인간을 넘어 생명이 붙어 있는 모든 생물의 본능이라 할 수 있다.

그렇다면 어린이 시절의 내가 느꼈던 '콩물의 비린 맛'은 그저 푸드 네오포비아에 기반한 심리적인 부분에서 비롯된 맛이었을까? 아마 그게 또 그렇게 단순하지는 않을 것이다. 성인에 비해 어린이의 미각이 훨씬 더 예민하다는 것 역시 과학적으로 증명된 사실이기 때문. 어린이는 성인의 세 배에 달하는 미뢰를 가지고 있기에 성인에 비해 쓴맛도 단맛도 더 강렬하게 느낀다고 알려져 있다. 어른이 느끼지 못하는 미묘한 비린 맛을 어린이는 느꼈을 가능성 또한 충분히 있다.

당연한 소리지만 콩국수의 생명은 콩물에 있다. 콩을 불려 갈아낸 후 고운체에 걸러 받아낸 것이 콩물인데 지금이야 콩을 갈 때 블렌더를 쓰겠지만 예전엔 맷돌뿐이었다. 맷돌은 일상에서 밀려난 듯하면서도 낯설지가 않은 물건이랄까, 익숙하면서도 생경한 물건이랄까. 좀 묘한 물건임에 틀림없다.

일상적으로 쓰이지도 않는 물건인 맷돌이 요즘 들어 다시금 여러 차례 회자된 건 〈베테랑〉에서 조태오(유아인 분)가 남긴 명대사 "어이가 없네" 때문이 아닐까 싶은데 사실 이 내용에는 오류가 있다.

"맷돌 손잡이 알아요? 맷돌 손잡이를 어이라 그래요. 어이. 맷돌에 뭘 갈려고 집어넣고 맷돌을 돌리려고 하는데! 손잡이가 빠졌네? 이런 상황을 어이가 없다 그래요. 황당하잖아, 아무것도 아닌 손잡이 때문에 해야 될 일을 못 하니까. 지금 내 기분이 그래. 어이가 없네."

맷돌 손잡이를 '어이'라 한다는 것은 잘못된 내용이다. 다른 버전으로는 '어이가 없네'가 아니라 '어처구니가 없네'에서 '어처구니'가 맷돌 손잡이라는 말도 있지만 이 또한 잘못 전해진 이야기일 뿐, 맷돌 손잡이는 어이도 어처구니도 아니라 '맷손'이 맞다. 영화가 흥행하며 잘못된 내용이 엄청나게 전파되었고 덩달아 여기저기서 맷돌이 소환되는 불상사가 벌어졌지만 이 내용을 정정해줄 방법은 딱히 없는 게 현실이다. 그렇게 '어이'는, 맷돌은 유아인이 되어버렸다.

하지만 다행스럽게도 아직까지 나는 '맷돌' 하면 유아인보다는 엘리자베스 키스가, 더 나아가 그녀의 그림 '맷돌을 돌리는 여인들'이 먼저 떠오른다. 스코틀랜드 출신의 화가 엘리자베스 키스는

1900년대 초 한국, 일본, 중국 등 동북아시아를 여행하며 다양한 현지 풍속을 소재로 한 많은 작품을 남겼는데, 그중에서도 한국을 소재로 한 작품들이 특색 있다는 평가를 받는다.

당시 조선의 풍경과 풍속을 비롯해 일제 치하의 현실 등 조선의 모든 것이 그녀의 작품 속에 고스란히 드러나 있는데, 그녀는 일제의 잔혹한 탄압과 이로 인한 조선의 비참한 현실을 세계에 알리고자 서양화가로서는 최초로 조선을 소재로 한 작품을 모아 해외 전시를 열기도 했다. 한국을 무진 사랑해 '기덕'이라는 한국 이름까지 품었던 이국의 화가. 그녀의 눈에 두 여인이 함께 맷돌을 돌리며 뭔가를 갈고 있는 장면은 분명 이색적으로 다가왔을 터. 충분히 작품의 소재가 될 만했을 것이다.

엘리자베스 키스를 이야기하면서 크리스마스 씰 이야기를 빼놓을 수는 없다. 1904년 결핵 퇴치 기금 마련을 위해 덴마크에서 처음 발행된 크리스마스 씰은 1932년 일제 강점기의 조선에서도 발행을 시작했다. 일제의 방해로 인해 조선의 크리스마스 씰은 1940년을 마지막으로 발행이 중단되었다가 해방 후 대한결핵협회가 창립되고서야 그 명맥을 잇게 되는데, 1940년에 발행된 조선의 마지막 크리스마스 씰이 바로 엘리자베스 키스가 그린 '때때옷을 입

엘리자베스 키스 '맷돌을 돌리는 여인들'

엘리자베스 키스의 '때때옷을 입은 조선의 두 아이'를 바탕으로
1940년에 발행된 크리스마스 씰.
왼쪽이 원래 디자인이었으나 일제의 '어이 없는' 훼방으로 오른쪽의 모양이 되었다.

은 조선의 두 아이'이다. 일제는 이 도안이 일본식 연호 대신 1940년이라는 서기년도를 사용했고 실재하는 금강산을 배경으로 했다는 이유를 들어 군사법 위반이라 주장, 도안을 압수하고 발행을 금지시켰다. 이후 대문을 그려 넣어 산의 높이를 감추고 '발행 9번째 해'라고 연도를 수정해 간신히 발행되기는 했지만 이런 것까지 못하게 적극 훼방을 놓았다는 게 정말 "어이가 없다."

콩국수를 비리다고만 느꼈던 어린이는 이제 어른이 되었다. 어른이 된 나는 이제 곧잘 콩국수를 먹는다. 에지간한 집이 아니고서야 콩물을 맷돌로 내지는 않겠지만 그 고소한 맛이 좋기만 하다. 이 글을 적고 있는 지금 시각은 밤 10시. 당장 콩물을 구할 수는 없으니 아쉬운 대로 두유라도 한 컵 마셔야겠다.

콩국수를 비리다고만 느꼈던 어린이는

이제 어른이 되었다.

© 이요훈

잡채

이토록 번거롭고
정성스러운

잡채는 면 요리이면서도 그 자체만으로 식사가 될 수는 없고 밥에 곁들이는 반찬이라는 특징을 갖고 있다. 이 책에서 이야기하는 면 요리 중 유일하게 반찬 신세인 녀석이다. 물론 잡채만 한 대접 먹는다면 식사가 될 수도 있겠지만 만약 잡채로 식사를 한다고 생각하면 그런 스타일보다는 밥 위에 잡채를 얹어 먹는 '잡채밥'이 더 현실적이다.

잡채를 이름 그대로 살펴보면 '雜菜', 여기서의 菜는 야채를 의미한다. 그렇다면 雜은? 雜은 한자사전에 따르면 '섞일 잡'으로 읽

히지만 이 글자는 '뒤섞이다' 외에 '어수선하다', '천하다' 등의 의미로도 쓰인다. 국어사전에서 접두어 '잡'을 찾아봐도 한자 '섞일 잡'과 그 의미는 흡사하다.

일반적으로 '잡'이라는 접두어는 썩 좋은 느낌을 주지는 못하는 글자다. 사람을 비하하는 '놈'이라는 단어 앞에 '잡'이 붙어 '잡놈'이 되는 순간, 이 단어는 비하의 수준을 넘어 말 그대로 욕설이 된다. 애당초 과격하게 '잡놈'까지 들먹일 것도 없다. '잡'은 말 그대로 '잡다하다'로 대표되는 인상의 글자이며 '잡'이 붙은 단어 대부분이 그렇다. 잡부, 잡배, 잡담, 잡상인, 잡초, 잡음 등을 보자. 특정 직업을 비하하고자 하는 의도는 없지만 잡부는 흔히 '노가다'로 불리며 저평가받는 경우가 흔하고, 잡배는 거의 항상 앞에 '시정'이 붙어 '시정잡배(市井雜輩)'를 아예 한 단어처럼 쓴다. 잡담 금지, 잡상인 출입 금지, 잡초 제거, 잡음 제거 등 다들 '잡'으로 시작하는 무언가는 지금 당장 이곳에서 사라져줘야 하는 존재라는 인상이다. 그러니까 여기서의 '잡'은 제멋대로 막된, 보잘것없는, 별 볼 일 없는 정도의 느낌인 것이다.

그렇다고 '잡'을 마냥 얕잡아 보자니 그것도 그것대로 애매한 구석이 있다. 내 경우, 그건 잡지와 잡탕밥 때문인데 그나마 이쪽에 쓰인 '잡'은 '자질구레한 여러 가지가 뒤섞인'의 의미로 볼 수 있어 어감이 조금은 더 낫다. 게다가 잡탕밥은 중국집에서 만날 수 있는 밥 종류 중 가장 비싼 몸값을 자랑하지 않는가. 고기와 해물, 야채까지 온갖 재료를 몽창 때려 넣고 볶아 밥 위에 올린 고급 요리 잡탕밥. 들어간 재료를 생각하면 그 가격이 사뭇 이해되는 음식이자 회식 자리에서 주문했다가는 누군가의 눈총을 받을 음식이기도 하다.

 '잡'에 대한 이야기를 하다 보니 말이 길어졌는데 잡채의 경우에는 잡지와 잡탕밥 쪽의 해석을 빌어 여러 가지 채소(菜)를 뒤섞은(雜) 음식 정도로 보는 것이 적절할 것이다. 그렇지만 잡채를 한 번이라도 만들어본 사람은 알 것이다. 세상에나, 어찌나 손이 많이 가는지! 여러 가지 채소를 뒤섞는 것만으로는 절대 잡채가 될 수 없다. 잡채가 명절이나 생일 등 특별한 날, 큰맘 먹고 음식 준비를 해야 하는 날에만 상에 오르는 것에는 다 이유가 있는 법. 잡채를 만드는 과정은 대략 다음과 같다.

1. 오이, 시금치, 당근, 양파, 목이버섯, 표고버섯 등 여러 채소를 준비하여 채 썰고 각각을 '따로따로' 볶아 식힌다. (볶으며 소금으로 간한다.)
2. 간장으로 밑간을 해둔 채 썬 돼지고기나 소고기를 볶아 식힌다.
3. 당면을 물에 불린 후 끓는 물에 삶아내어 식힌다.
4. 모든 재료를 한데 넣고 고루 섞어 간장으로 최종 간을 맞추고 참기름과 깨소금을 뿌린다.
5. 그릇에 덜어낸 뒤 지단을 올린다.

어차피 나중에 한데 모아 섞을 거면서 왜 번거롭게 따로따로 볶아내야 하는지는 잘 모르겠지만 여튼 이런 식으로 여러 재료를 쓰다 보니 잡채는 어지간해서는 소량으로 만들기도 어렵다. 그렇다고 김치나 장아찌처럼 작정하고 한 번에 왕창 만들어 쟁여두고 먹을 수 있는 음식도 아닌 게 쉽게 쉬기도 하거니와 냉장고에 들어가게 되면 당면이 딱딱해지면서 정말 별로인 상태가 되기 때문. 따라서 잡채는 한꺼번에 많은 양을 만들되 그 즉시 최대한으로 소진하기 위해서라도 많은 사람이 모이는 명절이나 잔칫날 상에 올리는 것이 제격이다.

이쯤에서 잡채의 이름에 대한 이야기를 다시 해보자. '여러 가지 채소를 뒤섞은 음식.' 그 이름에 걸맞는 형태는 중식 요리인 고추잡채 정도일까. 이름만 가지고는 당면이 끼어들 구석이 전혀 없어 보인다. 17세기 중엽에 정부인 안동 장씨 장계향이 쓴 최초의 한글 레시피북인 《음식디미방》에 따르면 오이, 무, 버섯, 숙주, 도라지, 냉이, 가지, 꿩고기 등 무려 스물한 가지 재료를 가지고 잡채를 만들었다고 되어 있지만 여기에도 당면은 빠져 있다.

사실 지금처럼 당면이 주가 되는 형태의 잡채가 등장한 것은 1919년 황해도 사리원에 당면 공장이 세워진 이후이니 훨씬 나중의 일이다. 한마디로, 그 이전까지 잡채는 면 요리가 아니었다.

그렇다면 잡채를 급작스레 면 요리로 만들어버린 당면, 탱탱한 식감과 투명한 빛깔을 자랑하는 당면은 대체 정체가 뭘까? 당면(唐麵)은 고구마 전분으로 만든 국수이자 한자 그대로 '당나라국수'라는 소리다. 정확히 따지자면 당면은 청나라 시절에 개발된 것이지만 '중국'을 칭하는 말로서 '당'이 붙으며 '당면'이 되었다. 요즘 마라탕이나 훠궈 등이 유행하면서 덩달아 '중국 당면'도 유행하고 있지만 엄밀히 말하면 '중국 당면'은 동어반복인 단어. 무엇보다 중국에는 '당면'이라는 말이 없다. 중국에 굳이 '중국 국수'라는 단어가 필요하지는 않으니까. 대신 우리가 '넙적 당면'이라 부르는 국수는 '콴뻰', '가는실 당면'으로 통하는 국수는 '펀쓰', BJ들의 먹방에 등장하며 역으로 중국에 열풍을 일으킨 '펀하오쯔(한국에서는 '분모자'로 더 잘 알려짐)' 등 구체적인 이름으로 불리고 있다.

광해군 시절에 이충이라는 신하가 잡채를 맛있게 만들어 광해군에게 진상한 뒤 그 공으로 호조판서, 일명 잡채판서가 되었다는 기록이 있을 정도이니 잡채는 분명 그 역사가 오래된 음식이지만 예전의 모습과 지금의 모습에 차이가 크다는 점은 전통이란 무엇인지에 대해 생각해볼 만한 여지를 준다. 예전의 잡채와 달리 이제는 당면 없는 잡채를 상상하기도 어려운 형편이니 지금의 잡채가 과연 예전 잡채의 전통을 잇고 있느냐라는 물음에 답하기는 쉽지 않을 것이다.

그렇지만 예전의 것을 원형 그대로 고수해야만 하는 것이 전통이라면, 그런 전통이 우리의 삶에 어떤 의미가 있는지 나는 잘 모르겠다. 책 속에만 존재하거나 박물관에 전시해두는 목적이 아니라면 말이다. 그보다는 본인의 취향에 따라 넣을 재료를 자유롭게 정할 수 있고, 더 나아가 다양한 버전으로 응용이 가능한 쪽이 더욱 좋지 않을까 싶다. 어쩌면 시기적절하게 사람들의 입맛에 맞도록 끊임없는 변주를 허용해왔기에, 이토록 번거롭고 정성스러운 조리법의 잡채가 지금까지 이어질 수 있었던 게 아닌가 하는 생각도 해본다.

탄탄면

오리지널리티에
대하여

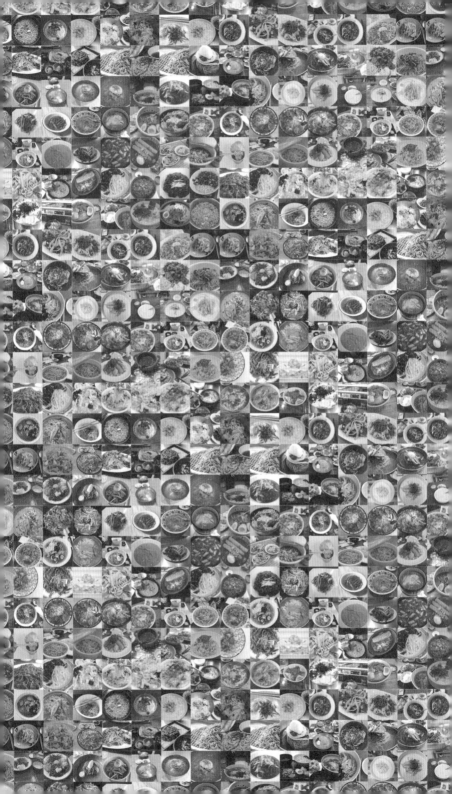

볼 일을 마치고 시드니에서 인천으로 돌아오는 길. 인천 직행 비행기가 만석이 되며 탑승이 거절되어 홍콩을 경유해 돌아오는 방법을 택하게 되었다. 내가 너를 어떻게든 꼭 오늘 안에 인천으로 되돌려 보내주겠다며 이리저리 애써준 콴타스항공 직원 덕분이긴 하지만 졸지에 예정에도 없던 홍콩공항으로!

당시 시드니는 겨울이었기에 그 복장 그대로 홍콩에 갔다간 쪄죽을 판. 급하게 공항 안에서 반팔 티셔츠를 한 장 구매해 홍콩으로 향했다. 그래도 이렇게 하면 인천에 새벽 5시쯤 도착하니 인천공항 지하의 찜질방에서 간단히 샤워하고 바로 출근할 수 있다. 물론 그날 하루는 사무실에서 내내 좀비와 같은 상태겠지만.

선택의 여지가 별로 없기도 했지만 좀비와 비견될 만큼 극도의 피로감을 감수해야겠다고 결심한 것은 단 한 그릇의 맛 때문이다. 그 맛은 홍콩공항 안에 있는 크리스탈제이드표 탄탄면의 맛. 이미 아는 맛이지만 아는 맛이기에 더 포기할 수가 없다. 어차피 경유 시간이 짧아 홍콩 시내까지 나가기도 빠듯하고 직출(근)을 위해서는 체력도 아껴야 하니 움직임을 최소화하는 방향으로 공항 안에서 탄탄면과 함께 시간을 보내기로 했다.

탄탄면(担担面)은 중국 사천에서 비롯된 음식인데 중국어로 '担'은 '짊어지다'라는 의미다. 과거 청나라 시절 국수 장수가 어깨 위에 장대를 올리고 양쪽으로 통을 걸어 한쪽 통엔 면을, 다른 통에는 소스를 담아 마치 물지게를 짊어진 것 같은 비주얼로 돌아다니면서 팔았던 일종의 길거리 음식이어서 그런 이름이 붙었다고 한다. 좀 더 정확히 하자면 이 국수 요리를 '탄탄'이라 칭한 것이 아니라 지나가는 국수 장수를 불러 세우기 위해 "어이, 거기 탄탄!" 하는 식으로 부르던 것이 점차 요리 자체를 지칭하게 되었다고. 들고 다니면서 팔던 음식이라 본래는 지금처럼 국물이 있는 형태가 아니라 비빔장에 비벼 먹는 비빔국수의 형태였다고 한다. 아무리 목구멍이 포도청이라고 해도 무거운 국물을 어깨에 짊어지고 다니며 팔기는 쉽지 않았을 테니까.

그렇다면 지금처럼 국물이 있는 탄탄면은 어떻게 생겨난 걸까?

원형이 타지로 전해지며 변형이 되고, 그렇게 변형된 채로 대중화에 성공하는 경우는 음식의 세계에서 드문 일이 아니다. 이런 사례로 꼽기에 가장 쉬운 음식은 바로 짜장면. 중국에는 짜장면이 없다고들 하지만 이는 맞는 말이기도 하고 틀린 말이기도 한데, 정확히는 '한국에서 만날 수 있는 형태의 짜장면이 없다'고 해야 할 것이다. 짜장면의 원형이 된 음식은 중국에 분명히 있다. 산둥 지역에서 시작된 자장미엔(炸醬麵)이 그것인데 자장미엔은 발효 된장의 일종인 면장과 생야채를 활용한 비빔국수여서 달달한 맛의 춘장을 활용해 불맛 나게 확 볶아낸 한국식 짜장면과는 많은 차이가 있다. 최근에는 한국 드라마나 예능을 통해 한국식 짜장면을 접한 중국인들이 늘면서 한국식 짜장면의 인기도 늘고 있다고 하니 집 나갔던 자장미엔이 대변신을 통해 짜장면으로 중국 고국에 다시 돌아온 셈이라 할 수 있다.

탄탄면은 비슷한 과정을 일본에서 겪었다. 정통 사천 요리를 일본인들의 입맛에 맞게 재개발하여 일본에서 '사천 요리의 아버지'로 불리는 진켄민이라는 요리사가 비빔국수 형태이던 탄탄면을 국물이 있는 형태로 바꿔 지금의 탄탄면이 된 것이라는 이야기가 있다. 이 이야기는 만화책 《맛의 달인》의 '탄탄면' 편에 등장하기도 한다. 즉, 지금과 같이 국물이 있는 형태의 탄탄면은 일본을 거치며 일본인들의 취향에 맞춰 일종의 '라멘화'가 된 것인데 이제 우리에겐 이런 형태의 탄탄면이 더 익숙해졌다. 게다가 한국인의 정서상 비빔국수인데 냉국수가 아닌 원조 탄탄면 같은 유의 국수는 다소 어색한 감도 있어 국물이 있는 이쪽이 더 친숙하게 느껴진다.

국물이 없는 정통 탄탄면은 중국식 발효 식초(라오천추老陈醋. 중국 4대 식초 중 하나. 흑초여서 한국의 식초와는 차이가 크다)와 중국식 고추기름(라자오유辣椒油 혹은 라유辣油), 간장, 그리고 땅콩 소스나 참깨로 만든 마장(麻酱)을 배합한 소스 위에 데친 면을 올리고 그 위에 볶은 다진 고기와 야채 등을 고명으로 얹어 내

들고 다니면서 팔던 음식이라 본래는 지금처럼 국물이 있는 형태가 아니라 비빔장에 비벼 먹는 비빔국수의 형태였냐고 한다. 아무리 목구멍이 포도청이라고 해도 무거운 국물을 어깨에 짊어지고 다니며 팔기는 쉽지 않았을 테니까. (출처: 中国十大名面条之一, 大师今天教你这碗麻辣鲜香的担担面! 大师的菜 유튜브)

는 요리다. 여기에 닭이나 돼지고기로 낸 육수를 부으면 국물이 있는 탄탄면이 된다. 어느 쪽이든 그 붉은 빛깔은 참으로 탐스럽다.

탄탄면은 깔끔하게 맵다기보다는 좀 더 복잡하고 묵직한 맛이다. 나는 본래 매운 음식을 잘 먹지 못하는데 탄탄면은 얼큰하면서도 마장의 기름지고 고소한 맛이 그 매운맛을 어느 정도 중화시켜주기 때문에 좀 더 수월하게 먹을 수 있다. 은근하게 베어나는 중국 식초 특유의 시큼한 맛 또한 매력적. 그 오묘한 조화로움 덕에 입맛이 없는 날엔 종종 탄탄면 생각이 나곤 한다. 자극적인 맛에 중독된다는 느낌이 뭔지 알 것도 같달까. 하지만 한국에서 찾아 먹은 탄탄면들은 지나치게 한국화가 된 탓인지 그저 매운 라면에 가까운 맛이라 아쉽기만 했다. 매운맛을 좋아하고 느끼한 맛이라면 기겁하는 사람들이 많다 보니 이런 쪽으로 변형이 된 게 아닐까 싶은데 탄탄면의 매력은 역시 느끼함과 고소함 사이에서 절묘하게 줄타기를 벌이는 마장에 있다고 생각. 글을 쓰는 지금도 당장 홍콩으로 날아가고 싶다.

크리스탈제이드의 탄탄면은 국물이 있는 쪽. 공항에서 비행을 앞둔 채 뜨끈하고 매콤한 국물을 한술 떠먹으면 고된 여행의 피로가 풀리는 기분이 든다. 홍콩 시내에는 수많은 탄탄면 맛집이 있고 그곳의 탄탄면이 크리스탈제이드의 탄탄면보다 맛에서는 더 나을지도 모르지만 공항 안에서 쉬이 만날 수 있다는 것은 엄청난 강점이다. 모든 일정을 마치며 귀국을 앞두고 맛으로써 홍콩의 바짓가랑이를 막판까지 한 번 더 붙드는 느낌이랄까. 이렇게 든든히 먹고 비행기를 타면 미련 없이 기내식도 포기하고 도착 때까지 푹 잘 수 있다는 사실. 직출을 위한 나름의 비행 꿀팁이랄까.

정신없이 먹다 옆을 힐끗 보니 내가 탑승할 비행기의 기장님도 나처럼 탄탄면을 먹고 있다. 인천까지 안전하고 쾌적하게, 잘 부탁드립니다.

쌀국수

당신을
나의 세계로

麵
食

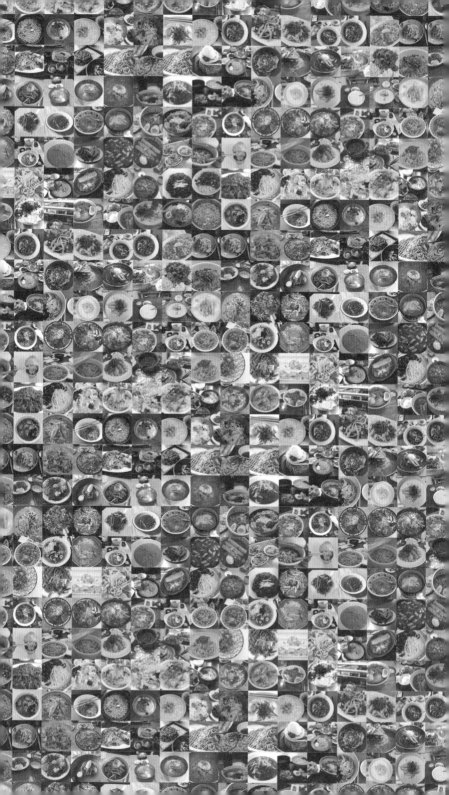

쌀로 만든 모든 국수를 다 쌀국수라 부를 수 있겠지만 요즘 쌀국수는 '베트남 쌀국수'와 일맥상통하곤 한다. 베트남 쌀국수 전문점이 한국에 생긴 게 2000년대 초반이니 생각보다 오래되었지만 이 무렵의 베트남 쌀국수가 주로 한국인의 입맛에 맞춰져 있었다면 요즘의 베트남 쌀국수는 현지의 맛을 제법 비슷하게 흉내 내는 추세다.

전 세계가 전염병으로 인해 팬데믹 사태에 빠지기 직전까지 한국에선 베트남 여행이 폭발적인 인기를 누렸는데(베트남 중부의 가성비 좋은 여행지로 꼽혔던 다낭의 경우엔 한국인이 어찌나 많은지 '경기도 다낭시'로 불리기도 했었다) 그 덕에 2박 3일이든 더 길게든 베트남을 경험해본 사람들이 늘면서 '그때 거기서 먹어봤던 그 맛'에 대한 수요도 함께 증가한 게 아닌가 하는 생각을 해본다.

베트남 쌀국수라고 하면 진하게 우린 소고기 국물에 숙주와 양파를 함께 넣어 먹는 '퍼보'가 가장 대표적이겠지만 퍼보의 역사는 생각보다 짧다. 퍼보의 탄생에 대해서는 여러 설이 있으나 가장 서글프면서도 유력한 설은 프랑스 식민지 시대에 프랑스인들이 대거 베트남에 들어왔고, 이때 프랑스식 소고기찜인 '포토푀'가 전해졌는데 포토푀를 조리하는 과정에서 소고기를 삶고 남은 육수에 베트남 사람들이 쌀국수를 말아 먹기 시작한 것이 퍼보의 기원이라는 설이다.

전통적 농업 국가들이 다 그렇겠지만 베트남에서도 소는 살림 밑천과 다름없는 동물이라 소를 잡는 일이 흔할 수는 없는 상황이었을 테니 이 설은 나름 타당하게 들린다. 이후 베트남전쟁으로 인해 베트남을 탈출한 난민들이 미국, 프랑스 등으로 이주, 그곳에서 생계를 위해 퍼보를 팔기 시작하면서 세계적으로 알려지게 되었다는 것은 기정사실. 그러니까 퍼보는 외세의 영향을 받아 탄생한 음식이면서 전쟁을 통해 세계적으로 알려진 음식인 셈이다.

　이런 음식이 현재 베트남을 대표하는 음식으로 꼽힌다는 것이 조금 아이러니한데, 이러한 아이러니는 어쩌면 베트남 사람들의 정체성일지도 모른다.

　쌀국수 한 그릇에 감히 베트남 사람들의 정체성까지 들먹여보는 것은 베트남의 공식 문자로 '꾸옥응으'를 사용하게 된 과정에도 비슷한 성격의 일들이 있었기 때문이다. 베트남은 자체의 언어가 있으면서도 이를 기록하는 데는 라틴 알파벳을 활용한 꾸옥응으를 공식 문자로 지정해 사용하고 있다. 꾸옥응으는 16세기 무렵 포르투갈 선교사들이 베트남어를 라틴 알파벳으로 적어보려는 시도에서 고안된 문자로, 프랑스 식민 지배가 본격화된 이후에는 베트남에서의 프랑스어 공용화를 추진하기 위한 목적을 품은 프랑스에서 적극 보급했다. 이에 꾸옥응으는 식민 지배를 상징하는 오랑캐 문자로 불리며 배척받았으나 기존에 베트남에서 사용하던 한자 기반의 쯔놈 문자에 비해 사용하기 편하고 배우기 쉽다는 점이 알려진 후 베트남 사람들은 도리어 이를 활용해 문맹률을 낮추고 독립운동을 펼치는 등 영리하게 행동한다.

흔히 베트남 사람들은 미국과의 전쟁에서 기를 쓰고 이겨낸 악바리, 엄청난 희생을 치르면서도 끝끝내 독립을 쟁취해낸 지독한 민족으로 불리지만 생각 외로 개방적이고 실리적인 사람들인 건 아닐까? 요즘같이 개인의 취향과 차이가 존중받는 시대에 남의 나라 사람들을 하나로 퉁쳐 그들의 민족성을 운운하는 것이 우습기도 하고 조심스럽기도 하지만 말이다.

그렇지만 퍼보 하나만 놓고 베트남 쌀국수 전체를 모두 서글프게만 볼 이유는 없다. 베트남엔 그와 완전히 다른 쌀국수도 많다. 퍼보와 비슷한 모습이지만 소고기 대신 닭고기를 사용한 '퍼가', 이제는 한국에서도 제법 알려진 '찍먹' 국수 '분짜'와 비빔국수 타입의 '분보싸오(지역에 따라 분보남보로 불리기도)', 그리고 '경기도 다낭시'의 명물 '미꽝'과 호이안 특산 '까오러우' 등 베트남 쌀국수의 세계는 꽤나 버라이어티하다. 베트남은 남북으로 긴 나라여서 지역별로 음식의 모습도 많이 다르기에 현지식이냐 한국식이냐를 좌우하는 것은 국수의 종류보다는 아마 향신료, 대표적으로는 고수와 느억맘이라 불리는 피시 소스의 역할이 아닐까 싶다.

위에서부터 까오러우, 미꽝, 분보싸오, 퍼보

개인의 취향에 따라 고수는 빼고 먹는 것이 가능한 경우가 있지만 피시 소스는 조리 과정에서부터 사용되거나 소스 혹은 비빔 양념에 들어가는 경우가 많아 그것만 쏙 골라내어 제외하고 먹기는 다소 어려운 경향이 있다. 처음 피시 소스를 접하게 되면 특유의 톡 쏘는 느낌과 찝찌름한 맛, 비린 냄새에 거부감이 들 수 있지만 그래도 몇 번 접해보면 금방 적응이 되는 편이다. 묘하게 중독성이 있다고나 할까, 여하튼 고수보다 적응이 쉬운 향신료임은 분명하다. 그리고 피시 소스라고 영어로 불러서 그럴 뿐 이를 한국말로 표현하면 '어장', 즉 피시 소스는 우리가 김치를 담글 때 사용하는 액젓, 제주도 흑돼지에 찍어 먹는 멜젓과 사촌 격이라 할 수 있다. 다만 우리가 액젓에 직접적으로 국수를 찍어 먹거나 비벼 먹는 일이 드물다 보니 국수에 피시 소스를 활용하는 것이 여전히 조금 어색한 느낌은 있다.

동남아시아 전반에서 피시 소스는 대부분의 요리에 적극적으로 쓰이는데 그중 베트남식 피시 소스인 느억맘은 소금에 절인 멸치류의 작은 바다 생선을 나무통 안에 넣고 상당 기간 발효시킨 후 그 액을 걸러내어 만든다. 그렇게 액을 한 번 걸러내고 그 뒤에 다시 나무통에 물을 채워 또 액을 받아내고 또 물을 채우고 하는 식으로 계속해서 느억맘을 만드는데 물을 채울수록 생선 액기스가 희석되기 때문에 더불어 느억맘의 등급도 점점 내려간다. 한마디로 하자면 느억맘은 '감칠맛이 농축된 생선 액기스'라고 할 수 있을 텐데 생선의 단백질을 분해해 아미노산으로 만든다는 점에서 콩의 단백질을 분해해 아미노산으로 만들고 그 액을 취하는 과정, 다시 말해 간장을 만드는 과정과 큰 틀에서는 흡사하다 하겠다. 주재료가 동물성 단백질이냐 식물성 단백질이냐의 차이는 있지만.

만드는 과정에서 상당량의 소금이 들어가기에 염분의 함량이 높아 어차피 많은 양을 넣을 수는 없지만 그럼에도 피시 소스 한 숟갈이면 깊고 풍부한 맛이 더해지면서 요리 전체의 퀄리티가 올라간다. 다행히 특유의 비린내도 가열을 하면 많이 날아가는 편. 그래도 여전히 미심쩍다면 국을 끓일 때 혹은 볶음 요리를 할 때 간장이나 소금 대신 참치액이나 새우젓 혹은 굴 소스를 활용해본 경험을 떠올려보시라. 육수에는 감칠맛을, 조림과 볶음 요리에는 깊은 맛을 더해주고 짜조 등 튀김 요리를 찍어먹을 때면 섬세한 뉘앙스를 안겨주는 피시 소스. 수많은 부엌에서 다채로운 조력자로서 피시 소스는 오늘도 열일 중이다.

몇 년 전 한 영화제에서 〈생선 소스 향기〉라는 단편 영화를 볼 기회가 있었다. 이 영화의 원제는 'The Scent of Fish Sauce'였는데 'Fish Sauce'를 왜인지 '생선 소스'라고 번역하면서 그 맛이 조금 떨어지긴 했지만 영화를 보니 내가 알던 그 피시 소스가 맞았다.

이 영화의 주인공은 베트남 출신의 간호사 마이(트람 라이 분). 그녀는 부상당한 미국인 남성을 돌보기 위해 고용된다. 환자의 일상생활과 재활을 도우며 둘은 점점 가까워지지만 환자가 회복될수록 현실은 그녀의 바람과는 다른 방향으로 흐른다. 대단한 반전이 있는 영화는 아니어서 결말은 예측 가능했다는 평이 많았지만, 둘이 점차 가까워지는 모습이 직접적인 애정씬보다는 음식, 좀 더 구체적으로는 피시 소스를 통해 은유적으로 그려졌다는 점에서 감독의 섬세한 연출력을 엿볼 수 있었다. 피시 소스가 듬뿍 들어간 베트남 음식을 환자가 처음 대면했을 때는 냄새가 이상하다며 단호하게 거부, 그 음식들은 모두 쓰레기통으로 가지만 이후 환자가 점점 피시 소스에 익숙해지면서 베트남 음식 역시 잘 먹게 되는데 이는 둘의 사이도 그만큼 진전되었음을 알려준다.

이 영화 안에서 간호사 마이의 세계를 상징하는 피시 소스와 이를 활용한 음식을 조리하고 소비하는 장면은 일종의 문화적 충돌 그리고 다른 세계에 속한 이를 나의 세계로 끌어당기고자 하는 욕망의 상징처럼 보였다는 점에서 상당히 관능적인 영화였다. 상대를 사로잡기 위해 그 사람의 세계에 맞도록 나를 재단해 밀어 넣는 대신 나의 세계에 상대를 서서히 물들이는 것, 그리고 그 방법이 내가 가장 잘할 수 있는 일이라면!

크라우드펀딩을 통해 제작된 이 영화는 몇 곳의 영화제에서만 상영되었던 단편 영화여서 아쉽게도 지금 다시 관람하기는 쉽지 않아 보인다. 이 영화의 결말이 궁금하시다면 왓챠피디아에 남겨진 한줄평을 참고하시라.

일견 만만해 보이는 아시안걸 판타지에 대한 일침
여자가 한을 품으면 오뉴월에도 서리가 내리지

참고로 나라면 이렇게 남겼을 듯하다.

당신을 나의 세계로

쌀국수 당신을 나의 세계로

이 영화의 감독인 트린 딘 레 민은 "미국에 거주하는 외국인으로서, 모든 사람들이 피시 소스를 받아들일 수 있다고 생각하지는 않는다"고 밝히기도 했다. (사진 출처: 영화 <생선 소스 향기> 중)

나의 세계에 상대를 서서히 물들이는 것,

그리고 그 방법이 내가 가장 잘할 수 있는 일이라면!

© 설희아

중화냉면

진정한 여름의 시작을
알리다

麺
食

나에게 있어 여름의 맛은 중화냉면의 맛이라 할 수 있다. 중화냉면을 한 그릇 먹어줘야 이번 여름도 시작되었군 싶은 느낌인데 이는 여름의 문을 여는 나만의 의식 같은 것이다.

　왜 하필 중화냉면인가 하면 우리가 '냉면' 하면 떠올리는 일반적인 냉면은 사시사철 먹을 수 있지만 중화냉면은 그렇지 않아서다. 여름 한철에만 중국집에 잠깐 생겼다 없어지는 음식인지라 그시기를 놓치면 무려 1년을 기다려야 하는 불상사가 생긴다. "중화냉면 개시"라는 인쇄물이 중국집 벽면이나 유리문에 붙을 때 나의여름은 시작되고 어느샌가 은근슬쩍 그 인쇄물이 사라졌을 때 나의 여름도 끝난다. 빙수 개시나 해수욕장 개장이 아니라 왜 하필 중화냉면 개시에 그렇게 집착하느냐고 묻는다면 요즘은 빙수도 아예 전문점이 생겨 사시사철 먹을 수 있게 된 데다가(무려 배달도 가능!) 서핑 등 여름이 아닌 계절에도 바다에서 즐길 수 있는 활동이 다양해지며 계절감이 예전보다 확실히 줄었다고, 감흥이 덜해졌다고 답하겠다.

시원하고 상큼한 국물과 고소한 땅콩 소스, 그리고 쫄깃한 면발. 위에 올라가는 고명은 장육, 오이와 당근, 때때론 무순, 불린 건해삼, 해파리냉채, 새우 혹은 채 썬 게맛살 등 다양한데 대개는 그 집에서 내는 냉채의 재료를 좇아가기에 가게마다 천차만별이다. 어차피 중화냉면은 고명보다는 국물 맛으로 먹는 음식 아니겠는가. 중화냉면의 국물은 가게에 따라 슬러시 상태이기도 하고 아니기도 하지만 무지 시원하다는 점만큼은 어느 집에 가도 동일하다.

처음에는 아무것도 섞지 않은 순수한 국물을 맛보고, 이후에 땅콩 소스를 섞어 고소한 맛으로 먹고. 가끔은 식초나 연겨자를 더 넣기도 한다. 차가운 국물에 순간 머리가 띵하고 연겨자의 맛에 코가 얼얼하다 못해 뻥 뚫리는 경험은 모래사장의 뙤약볕을 가로질러 자신 있게 차가운 파도 속으로 뛰어들었지만 이내 바닷물이 콧속을 강타해 "으악 코 매워" 하는 느낌과도 흡사하다. 이야말로 진정한 여름의 맛이다.

나의 여름을 한껏 차지한 중화냉면은 언제 어디에서 왔을까? '중화 요리식 냉면'이라는 표현이 1947년 6월 22일자 〈제주신보〉에 처음으로 등장했지만 그 정확한 기원은 여전히 불분명하다. 상당히 오랜 기간 동안 땅콩 소스가 빠져 있었고 90년대 이후에야 땅콩 소스가 추가된 것으로 회자되기에 지금 우리에게 익숙한 중화냉면은 90년대 이후에나 완성된 것으로 보는 것이 타당할 것이다.

한국에서 대중화된 중국 음식들이 대개 그렇듯, 중화냉면 또한 정작 중국에는 없는 음식이라고 알려져 있다. 앞서 짜장면은 알고 보면 그 원형이 되는 '자장미엔'이 중국에 있다고, 때문에 중국에 짜장면이 없다는 말은 좀 조심스럽다고 전했지만 중화냉면은 진짜로 중국에 없을 가능성이 있다. 그도 그럴법한 게 "차가운 국물"은 한국에서나 일상적이지 그 외 다른 문화권에서는 조금 이상하게 보는 경향이 있어서다.

국물 없이 차게 식힌 면을 고명, 소스와 비벼 먹는 량몐(凉麵)이 중국에 있기는 하나 이는 적당히 식혀내 뜨겁지 않은 수준일 뿐 그 이름처럼 진짜 '냉'한 국수는 아니다. 책상만 빼고 모든 것을 다 먹는다는 중국이건만 그건 식재료의 문제일 뿐 조리법의 문제는 아닌 걸까. 하긴, 푹푹 찌는 더위에도 뜨거운 차를 마시는 사람들이니 차가운 국물을 들이킨다는 게 익숙지 않을 것도 같기는 하다.

일본 또한 마찬가지. 그나마 냉모밀 같은 음식이 있기는 하나 이는 찍먹 음식이니 그 국물은 벌컥벌컥 들이키는 용도라기보단 일종의 소스로 봐야 할 터. 즉, 살얼음이 동동 낀 그런 국물 요리, 그걸 또 대접째 들고 들이키는 행위는 무려 한국에만 있다고 볼 수 있다. 단순히 '한국의 여름이 끔찍하게 더워서'라고 하기엔 한국보다 더 더운 동네도 많으니 이건 기후의 문제라기보단 한국인의 기질 문제로 봐야 하지 않을까? 펄펄 끓는 국물을 한 입 떠먹으며, 몸이 아릴 정도로 뜨거운 목욕물에 몸을 담그며 "시원하다"라고 말하는 한국인. 한국인이 이야기하는 시원함이란 적당히 알맞은 온도가 아니라 속을 후련하게 할 만큼 화끈하게 뜨겁거나 골이 울릴 만큼 차가운 극단의 온도를 일컫는 말이 아닐까 싶다.

일본에도 중화냉면이 있기는 있다. 〈짱구는 못말려〉에 짱구 아빠와 짱구가 중화냉면을 찾아 헤매는 에피소드가 있을 정도이니 꽤 대중적인 음식이기도 한 것 같다.

이야기의 배경은 여름의 끝자락 혹은 가을의 초입 정도인 것 같은데 짱구 아빠와 짱구가 중화냉면을 먹기 위해 동네 중국집 여러 곳을 전전하지만 다들 "올해는 끝났습니다", "중화냉면은 8월까지만 하는 거라…" 같은 대답을 듣는다. 먹을 수 없다고 생각하자 더 오기가 생긴 짱구 부자는 다른 지방으로까지 중화냉면을 찾아 원정을 떠나고, 간신히 중화냉면을 맛보는 데 성공하고야 마니 이 이야기는 나름 해피엔딩이라 할 수 있다.

그 와중에 나의 눈길을 끈 것은 만화 속에 그려진 중화냉면의 모습. 그 모습은 한국에서 만날 수 있는 중화냉면의 모습과는 약간 차이가 있다. 만화 속 중화냉면은 시원한 국물에 면발이 풍덩 담긴 모습이 아니라 비빔면에 가까워 보인다. 실제로 일본의 중화냉면은 차가운 면 위에 채 썬 야채 등 각종 고명을 올린 후 여기에 간장과 참깨(혹은 땅콩) 소스를 곁들이는 스타일로 일종의 비빔면에 가깝다. 한국이나 일본이나 동일하게 '중화냉면'이라는 이름을 갖고 있고 동네 중국집에서 여름 한정 메뉴로 낸다는 점도 동일하지

중화냉면을 찾아 헤매다가 피곤에 쩌들어 콧물을 훌쩍이며 먹게 되니 마냥 해피엔딩이라고 하기는 어려울 수도. (사진 출처: 애니메이션 <짱구는 못말려> 중)

만 각 나라의 문화에 맞게 한쪽은 국물이 많은 형태로, 한쪽은 국물이 적은 형태로 조리된다는 점은 재미있는 포인트다.

그렇다면 일본에는 국물이 많은 형태의 냉면은 정녕 없을까? 그건 또 아니다. 모리오카 지역의 명물, 모리오카냉면이라는 녀석이 있기 때문. 하지만 이 냉면은 1950년대 즈음하여 북한계 재일교포 양용철 씨가 함흥냉면을 기본으로 하되 재료를 일본식으로 바꾼 것이 시초이니 한국 냉면의 영향을 크게 받은 음식이다. 따라서 이 또한 차가운 국물을 즐기는 한국인의 기질에 기대어 개발된 음식이라 볼 수 있다.

벌써 옛날 일이긴 하지만 오승환 선수가 한신 타이거즈에서 뛰던 시절 한신 코시엔구장 매점에서 모리오카냉면이 "오승환의 마무리, 한국 냉면"이라는 이름으로 판매되기도 했던 걸로 보아 '냉면은 한국 음식'이라는 인식이 일본에도 깔려 있는 듯하다. 정작 모리오카냉면은 한국에서는 찾아볼 수 없음에도 말이다.

무더운 여름날에 시원한 음료, 혹은 아이스크림처럼 생짜 얼음덩어리는 먹어도 시원한 국물은 먹지 않는 사람들이 절대다수라는 점은 다시 생각해봐도 놀랍다. 그렇지만 나는 한국인이니까 오늘도 가슴에 불덩어리를 품고 다음 여름을, 다음 중화냉면을 기다린다. 메뉴판에 정식으로 이름을 올리지도 못한 채 한 장의 인쇄물로써 매년 자신의 존재를 알리는 그 중화냉면을.

가슴에 불덩어리를 품고

다음 여름을, 다음 중화냉면을 기다린다.

떡볶이

삶과 죽음이 교차하는
빨간 맛

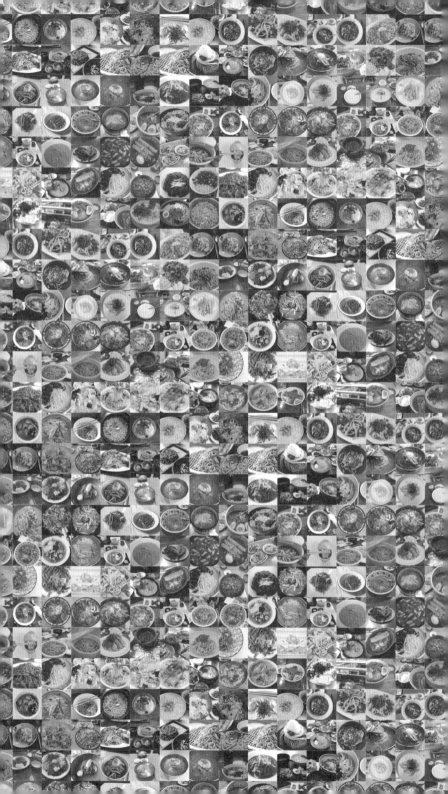

다음 그림을 보자. 이 그림 속 남자는 어느 나라 사람일까? 이 남자는 무슨 일을 하고 있는 걸까? 놀랍게도 이 남자는 조선인, 떡을 만들고 있는 중이다. 이 그림은 폴 자쿨레의 다색 목판화 '떡 만드는 사람'이다. 원제는 '파티셰Le Patissier'이지만 그 시절 조선에 제빵사가 있었을 리 없으니 빵 대신 떡을 만드는 사람으로 해석하는 것은 나름 합리적인 추론일 것이다.

　프랑스 파리 출신의 폴 자쿨레는 아버지를 따라 일본에 거주하면서 그림을 배웠고, 이후엔 어머니를 따라 잠시 서울에서 살게 되

풀 자쿨레 '떡 만드는 사람'

면서 조선 사람들의 모습을 화폭에 여럿 남겼다. 하지만 처음부터 일본에서 그림을 배운 탓일까, 일본에 작업실을 차려 그곳에서 왕성하게 작품 활동을 했기 때문일까, 그의 판화는 유럽인의 작품이라기보단 일본의 우키요에처럼 보인다.

우키요에란 14~19세기에 일본에서 서민들의 생활상이나 자연 풍경 등을 주제로 제작된 다색 목판화로, 밝고 선명한 색상, 단순하고 평면적인 구도의 활용, 배경을 거의 생략하다시피 표현하는 특징이 있다.

일본의 물건들이 유럽에 전해지기 시작하면서 우키요에 또한 유럽인들의 눈에 띄었고 1800년대 후반에 파리에서 이미 대유행을 했었기에 파리 출신의 폴 자쿨레 역시 우키요에를 잘 알고 있었을 터. 이에 일본에 살게 되면서 본격적으로 우키요에를 배웠던 게 아닐까 싶은데 그의 작품을 감상하고 있자면 한국인으로서 착잡한 감정이 들기도 한다. '떡 만드는 사람'은 그나마 왜색이 덜한 편이지만 그의 다른 작품들은 일본의 미인도 등에서 머리 모양과 옷 모양만 조선의 것으로 간신히 붙여넣기한 것 같은 경우도 여럿 있어서다. 유럽인의 눈에는 일본인이나 조선인이나 그게 그거처럼 보였을지도. 그러니까 폴 자쿨레에게 조선이란 일종의 오리엔탈

리즘적 관심을 채워주는 나라, 그 이상도 그 이하도 아니었던 것만 같아서 한국에 대한 애정을 바탕으로 한국만의 특징을 잘 캐치해 낸 엘리자베스 키스와 자꾸만 비교가 된다.

그나마 다행인 것은 폴 자쿨레가 본인의 공방에서 나영환이라 는 한국 사람을 조수로 썼고 후에 나영환의 딸 나성순을 아예 양녀 로 들이면서 일본에 거주하고 있을지언정 한국에 대한 관심을 이 어가며 한국을 주제로 한 작품 활동을 계속했고, 나성순이 폴 자쿨 레가 사망한 후 한국과의 인연을 기리고자 한국에 폴 자쿨레의 작 품 다수를 기증하면서 이 작품들이 현재 한국에 잘 남아 있다는 정 도일 것이다.

그림 속 남자는 웃통까지 벗어제끼고 열심히 떡 반죽을 했던 것 같다. 그러던 중 잠시 기대어 쉬고 있는 것처럼 보이는데, 곡물을 가루로 빻고 물을 더해 반죽한다는 점에서 떡을 만드는 과정은 기 본적으로 면을 만드는 과정과 비슷하다. 때문에 어떤 기준으로 떡 과 면을 정확하게 구별해서 부르는지는 잘 모르겠다.

그중에서도 떡볶이 떡이야말로 그 혼란의 중심에 있을 텐데 국물떡볶이는 얼핏 보면 짧은 면 파스타처럼 보이기도 한다. 요즘은 아예 누들떡볶이라고 해서 기존의 떡볶이 떡보다는 차라리 굵은 국수발에 가까워 보이는 떡을 활용한 떡볶이도 나오고 있어 그 둘의 구분은 더 어려워졌다. 흔하게 쓰이는 단어는 아니지만 떡볶이 떡을 아예 '떡 면'으로 부르기도 한다.

쌀로 만들면 떡이고 밀로 만들면 면이라고 하기엔 엄연히 쌀국수와 밀떡이 존재한다. 특히나 떡볶이에 있어 밀떡이냐 쌀떡이냐 하는 논쟁은 아주 오래전부터 있어왔다. 이 논쟁은 '엄마가 좋냐 아빠가 좋냐' 혹은 '짜장이냐 짬뽕이냐'처럼 둘 중 하나를 선택하기 어려운 난제라기보다는 '부먹이냐 찍먹이냐'처럼 하나의 확고한 취향을 고수하며 다른 쪽은 쳐다도 보지 않는, 그런 성격의 문제에 가깝다. 쌀떡은 쫀쫀하고 밀떡은 상대적으로 말캉한 식감을 자랑하기 때문에 대부분의 경우 쌀떡이냐 밀떡이냐는 타협이 어렵다. 물론 쌀떡이든 밀떡이든 그저 떡볶이라면 다 좋아!인 경우는 논외다.

떡을 활용한 한식이라면 떡국을 꼽아야겠지만 떡국은 설날에나

한 번 먹을까 말까 하는 반면 떡볶이는 훨씬 더 일상과 맞닿아 있다. 분식으로 분류되는 통에 군것질거리 수준으로 취급받지만 그러거나 말거나 일상 속에서 떡볶이로 한 끼 식사를 해결하는 경우는 매우 흔하며 언제나 사랑받고 있는 음식 중 하나다. 최근엔 국물떡볶이가 유행하고 있지만 때론 아주 매운 떡볶이가, 언젠가는 즉석떡볶이가 인기였으니 떡볶이 자체가 유행하지 않은 적은 단언컨대 단 한 번도 없었다. 잘 알려져 있듯 매운맛은 미각이라기보다는 통각으로, 우리가 매콤한 음식을 먹으면 고추장이나 고춧가루 속 캡사이신으로 인해 말초신경이 자극을 받아 뇌에서 엔도르핀을 분비하게 되면서 스트레스가 풀린다. 여기에 탄수화물이 주는 기쁨까지! 떡볶이는 탄수화물과 캡사이신이 콜라보를 이루는, 스트레스 해소에 효과적인 음식이 분명하다.

하지만 우리가 떡볶이라고 하면 가장 먼저 떠올릴 고추장과 고춧가루를 풀어 넣은 빨간 맛 떡볶이의 역사는 그닥 길지 않다. 떡볶이에 대한 최초의 기록은 1800년대 말에 발행된 조리서 《시의전서(是議全書)》에 전해지는데 그 내용은 대략 이렇다. '궁중에서 흰떡과 등심, 파, 버섯, 잣 등을 넣고 간장으로 간을 해 먹었다.'

다만 여기에서는 '떡볶이' 대신 '떡찜'이라는 명칭이 쓰였는데 이건 누가 봐도 간장 베이스의 궁중떡볶이에 대한 묘사와 흡사하니 그 당시에 어떤 이름으로 불렸는지가 그닥 중요한 것은 아닐 듯. 그리고 고추에 대한 언급이 전혀 없으니 매운맛도 아니었던 것 같다.

아무튼 빨간 맛 떡볶이는 "아무도 몰러, 며느리도 몰러"라는 멘트(요즘 친구들은 이 멘트를 모를 것 같다는 점에서 나의 연식이 슬슬 탄로 나는 것 같다)로 유명했던 신당동의 마복림 여사가 대중화시켰다고 흔히들 이야기한다. 그렇지만 마복림 여사가 정말 대단한 것은 빨간 떡볶이를 개발해냈고 '신당동 떡볶이'를 하나의 고유명사처럼 쓰이도록 만들었다는 그 자체보다는 신당동을 떡볶이로 일으켜 세운 공이 혁혁하기 때문일 것이다. 여기서의 '일으켜 세웠다'는 표현은 그 동네를 부자로 만들었다거나 하는 쪽보다는 '이미지를 바꿔놓았다'에 가까운 감상이다.

지금의 신당동은 그렇지 않지만 100여 년 전만 해도 '신당'은 한자로 '神堂'을 썼다. '神堂'은 말 그대로 무당집을 뜻한다. 무당집이 워낙 많아 아예 동네 이름이 그렇게 붙은 것인데 이 동네에 유달리 무당집이 많을 수밖에 없었던 이유가 있다. 요즘과 달리 조선 시대에는 사람이 죽으면 그 시신을 한양 밖으로 운구할 때 반드시 정해진 문으로만 나갈 수 있었다. 그런 문 중 하나가 광희문이었는데 대부분의 시신이 광희문을 통해 한양 바깥으로 나갔기에 광희문은 아예 시구문(屍口門)이라 불리는 일이 더 많았다고 한다. 공교롭게도 광희문 바로 바깥이 지금의 신당동이다. 즉, 신당동은 시신이 성 바깥으로 빠져나와 가장 먼저 마주하는 동네, 삶과 죽음이 교차하는 위치에 있었기에 자연히 묘지도 많았고 죽음과 아주 가까운 곳에 있어 귀신이 많은 동네이니 자연히 무당집도 많았다.

시간이 흐르며 무당집은 점차 사라졌지만 관련된 이미지는 여전히 남아 있었는데 마복림 여사의 영향으로 신당동에 떡볶이 타운이 생기면서 파릇한 학생들이 몰려들어 떡볶이를 먹으며 미팅을 하고 우정을 쌓는 동네로 분위기가 반전, 이미지 변신에 나름 성공하고야 만다. 유행을 따라 새로운 사람들이 유입되면서 그들의 기운을 받아 완전히 새로운 동네가 되었다고나 할까. 그래서인지 지금의 신당동은 '新堂'을 쓴다.

비록 신당동 떡볶이 타운의 인기가 예전 같지는 않지만 그래도 친구들과 몰려다니며 즐거운 한때를 보냈던 추억의 동네라는 인상은 여전하다. 그리고 꼭 신당동 떡볶이가 아니라 해도 한국에서 학창 시절을 보낸 이들 중 떡볶이에 얽힌 기억 한 조각이 없는 사람이 과연 있을까.

　　지금 내가 살고 있는 아파트 단지 안에는 초등학교와 중학교가 각각 두 개씩, 그러니까 학교가 총 네 개나 있지만 이 근방에 내가 어렸을 적 들락거렸던 것 같은 그런 떡볶이집은 보이지 않는다. 요즘 어린 친구들은 하교 후 어디로 가서 무엇을 사 먹을지 사뭇 궁금해지는 오후다.

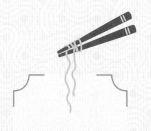

컵라면

새까만 밤을 이겨내는
눈부신 고단함과 쓸쓸함

즉석에서 간단히 조리할 수 있고 저장과 휴대가 간편한 음식을 인스턴트 음식이라고 지칭해본다면 이는 봉지라면보다는 컵라면˙에 맞는 설명이다. 컵라면은 인스턴트 음식이 지녀야 할 필수 항목을 모두 갖추고 있다. '몸에 좋은 음식은 입에 쓰다'는 말을 뒤집어 '입에 쫙쫙 붙는 음식은 몸에 좋지 않다'고 생각해보면 컵라면은 봉지라면보다 왠지 좀 더 몸에 안 좋을 것 같은, 그래서인지 좀 더 맛있는 느낌이 있다.

- - - - - - - - - - - - - - - - - -
* 컵라면은 삼양식품이 출시한 특정 상품명이라 '용기면'으로 표기해야 하지만 직관성을 위해 컵라면으로 표기했다.

동일한 라면을 봉지에 담는다고 봉지라면이 되고 컵에 담는다고 컵라면이 되는 것은 아니다. 봉지라면과 컵라면의 가장 큰 차이는 끓이면서 익히느냐 온수를 부어서 익히느냐인데 컵라면의 경우는 처음에 아무리 뜨거운 물을 붓는다고 한들 물이 점점 식기 때문에, 그런 상황에서도 잘 익는 면을 만드는 것이 가장 중요한 과제였다. 많은 시도 끝에 뜨거운 물과 면이 닿는 표면적을 넓히기 위해 면발을 더욱 가늘게 만들고, 밀가루보다 전분이 더 낮은 온도에서 익는다는 점을 응용, 전분의 함량을 높였다. 봉지라면에 비해 컵라면의 면발이 더 가늘고 식감도 꼬들꼬들한 것은 이 때문이다.

컵라면에 물을 부으면 상대적으로 뜨거운 물은 위로 올라가고 덜 뜨거운 물은 아래로 내려간다. 위쪽에 올라간 뜨거운 물은 공기와 접촉하며 식게 되고 이에 아래쪽에 있던 물이 상대적으로 더 뜨거워져 이 물이 위쪽으로 올라오면서 컵라면의 컵 안에서 물이 빙빙 돌게 되는데 이를 대류 현상이라고 한다. 즉, 대류 현상에 의해 뜨거운 물은 항상 위쪽, 덜 뜨거운 물은 컵라면의 아래쪽에 위치하므로 면발 역시 뜨거운 물이 위치하는 위쪽이 더 빽빽하고 아래쪽은 상대적으로 성긴 형태로 담겨 있다.

컵라면 용기 또한 휴대와 운반이 간편하면서 보온이 잘되는 재질로의 진화를 거듭해왔는데 한때는 대부분의 용기가 발포폴리스타일렌[PSP], 일종의 스티로폼이었으나 환경 호르몬 논란이 거세게 일면서 현재는 대개 종이로 바뀌었다. 하지만 스티로폼보다 낫다 뿐 종이에도 문제는 있다. 종이는 물에 젖으면 흐물거리기 때문에 컵라면의 용기 안쪽은 물에 젖지 않도록 폴리에틸렌[PE]으로 코팅되어 있다. 종이를 재활용하려면 섬유질 분리가 필수적이지만 코팅된 종이의 경우엔 이 작업이 잘 안 되어서 이 작업을 할 수 있는 업체로 따로 보내야 한다. 그런데 어차피 일반 종이와 코팅된 종이가 뒤섞여 수거되는 형국이라 사실상 재활용이 불가능해 코팅된 종이의 대부분이 매립되거나 소각 처리된다. 코팅된 종이를 매립할 경우 분해되는 데 20년가량이 걸리는데 이는 일반 종이가 5년 이하인 것에 비하면 꽤 긴 시간이 필요한 것이고 소각할 경우에는 유해가스가 발생한다. 무엇보다 폴리에틸렌 역시 일종의 플라스틱이라 환경 호르몬 논란에서 완전히 자유롭다고 할 수도 없다.

아직 해결해야 할 과제들이 꽤 있어 보이지만 무심결에 사 먹는 하나의 컵라면이 온갖 과학 기술이 응축된 결과물이라는 점에는 이견이 없다. 그렇게 구현한 컵라면의 대표성은 '즉석'이고 바로 이 즉석의 이미지는 요즘 우리의 일상생활 대부분의 영역을 커버해주는 편의점과도 통한다.

예전에 내가 편의점에서 일했을 때만 해도 편의점에 입고된 식료품들과 여러 물건들을 판매하는 기본적인 업무 이외에는 교통카드와 휴대폰 충전, 단골손님의 얼굴과 그 손님이 피우는 담배 종류를 매칭하는 일만 빠릿하게 할 줄 알면 되었고 가장 힘든 일은 찐빵 기계를 닦는 일 정도였지만 요즘 편의점은 찐빵 기계는 물론 커피머신에 군고구마 굽는 기계도 관리해야 하고 택배도 받아줘야 한다. 간단한 의약품도 다루고 국세, 지방세, 공과금 수납도 지원한다. 비행기표도 결제할 수 있고 하이패스 충전도 가능하며 로또 등 복권도 판다. 사람은 적응의 동물이니 일단 적응하고 나면 못 할 일이 없기야 하겠지만 나 같은 사람은 수많은 기계들을 다루고 관리하는 방법에 대해 인수인계만 받다가도 제풀에 지쳐 다른 일을 알아봐야 할 판이다.

그만큼 편의점에서 커버할 수 있는 일은 많아졌다. 엔간한 것들은 편의점에서 '즉석'으로 살 수 있고 처리할 수 있는 시대가 되었다.

편의점은 전 세계적으로 성황리에 영업 중이지만 나라마다 그 모습에는 제법 차이가 있다. 한국의 편의점은 일본, 대만, 홍콩 등 아시아권의 편의점과 닮았다. 이 나라들에서 공유하는 편의점이라는 장소에 대한 이미지, 새까만 밤을 이겨보겠답시고 눈이 부실 만큼 불을 밝힌 가게, 알바생 홀로 카운터를 지키고 있는 가운데 야근에 찌든 직장인들, 밤늦게까지 공부하느라 지친 학생들이 들어서는 이미지를 떠올려보면 고단하고 쓸쓸하다는 느낌이 먼저 든다.

〈나의 소녀시대〉 속 린전신(송운화 분)은 그저 그런 직장에 그저 그런 연애, 그저 그런 삶을 살고 있음을 편의점에서 부하직원들의 뒷담화를 들으며 체감한다. 야심한 시각까지 그 길목을 지키는 쓸쓸한 편의점의 이미지는 대략 린전신의 심정 같은 것이다. 아주 나쁘지는 않지만 그냥저냥쯤이라 해야 할까. 야근하는 부하직원들의 간식거리를 고르다 그대로 주저앉아버린 린전신의 모습은 홀로 편의점에서 삼각김밥에 컵라면을 먹으며 뒤늦은 허기를 달래는 누군가의 이미지와도 겹친다. 이는 각종 영화나 드라마 속에서 총 든 강도가 찾아와 강도짓을 일삼는 단골 무대로 등장하거나 바지런한 이민자들이 굴리는 북미권의 편의점과는 사뭇 다른 이미지다.

그저 그런 연애를 하고

컵라면의 대표성은 '즉석'이고 바로 이 즉석의 이미지는 요즘 우리의 일상생활 대부분의 영역을 커버해주는 편의점과도 통한다. (출처: (위) 영화 <나의 소녀시대> 중, (가운데) 드라마 <김씨네 편의점> 중, (아래) 애니메이션 <심슨네 가족들> 중)

주머니 사정에 쫓기고 시간에 쫓겨 편의점에서 간단히 식사를 해결해야 할 때, 나는 대개 혼자였다. 어차피 혼자 밥 먹는 일 따위, 대수롭게 여기지도 않았지만 웬일인지 다소 갑작스레 혼자 밥을 먹는 일이 아무렇지 않은 정도를 넘어 아예 하나의 트렌드가 되었다. 그렇게 혼밥이 뜨고 혼술이 떴다. 예전엔 '한 끼 안 먹는다고 굶어죽는 것도 아닌데 혼자 먹느니 안 먹고 말지', '혼자서도 술을 마실 정도면 알코올중독 초기'라는 말도 있었지만 웬걸, 혼밥과 혼술은 이제 본인을 소중히 여기고 혼자만의 시간을 즐길 줄 아는 사람이라는 증거처럼 통하게 되었다.

　　하지만 여기에는 꼼수가 있다. 지금의 혼밥과 혼술은 단순히 '혼자 먹는 밥'과 '혼자 먹는 술'을 뜻하는 것이 아니라 혼자서도 착실하고 그럴싸하게 챙겨 먹는 것을 의미하는 쪽에 가깝다. 혼자서도 고깃집에 가 야무지게 곱창 한 판을 해치우고 식빵 한 조각을 먹어도 카페에서 서빙해준 것처럼 깔끔하게 차려 먹는다. 가이세키 맛집에서 내어주듯 간장 종지인지 헷갈릴 깜찍한 접시에 반찬도 앙증맞게 덜고 테이블 매트에 수저받침까지 놓고 휴대폰을 든다. '찰칵' 그리고 '#혼밥'

이는 나 스스로가 내 자신을 하대하면 세상 그 누구도 나를 위해주지 않는다고, 내가 먹을 것은 내가 알아서 잘 챙기자, 기왕 먹을 거면 대접받는 기분도 내보자는 것과는 약간 다른 이야기다. 지금의 혼밥은 되레 타인에게 보여주기 위한 밥이 된 것만 같다. 나 또한 (고양이와 함께) 이런 일을 몹시 즐기는 사람이지만 내가 정말 일상적으로 먹는 것은 별 특별할 게 없어서인지, 너무 리얼해 사진빨이 잘 받지 않아서인지 (고양이가 흥미를 보이지 않아서인지) 선뜻 사진으로 남기게 되지 않는다.

혼밥이라는 단어가 있기 한참 전부터 컵라면은 혼밥 메뉴의 대표 주자에 속했지만 시대의 흐름이 이렇다 보니 컵라면은 이제 혼밥 축에도 끼지 못한다. 혼밥이 뜨면서 되레 컵라면은 "혼자일수록 잘 챙겨 먹어야지. 왜 궁상맞게 그런 걸 먹어" 하는 걱정을 듣는 신세로 전락해버렸다. 전자레인지에 대충 돌린 어제 배달시켜 먹고 남은 피자, 이가 빠진 머그잔에 따라 먹는 소주, 유튜브를 보면서 냄비째 먹는 라면, 짭조름한 오이지 몇 조각과 물에 만 찬밥 등도 덩달아 그렇게 되어버렸다.

주머니 사정에 쫓기고 시간에 쫓겨

편의점에서 간단히 식사를 해결해야 할 때,

나는 대개 혼자였다.

쿠스쿠스

공복을 채우는
서로에 대한 이해

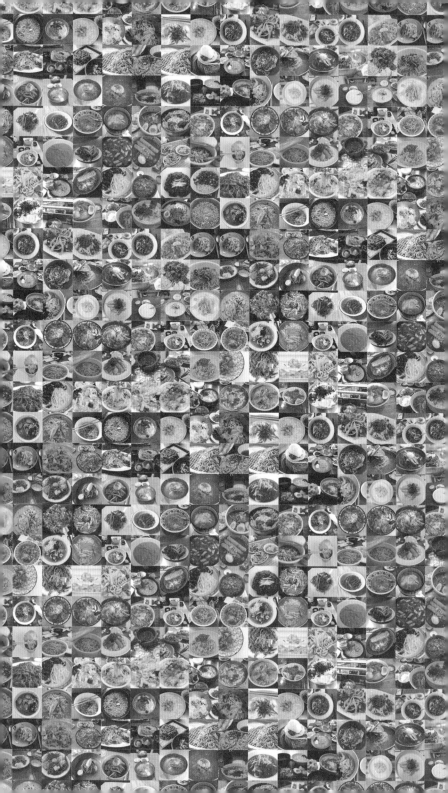

국수 이야기를 하다 보면 어쩔 도리 없이 아시아 얘기를 계속 하게 된다. 그도 그럴 것이 대부분의 국수는 아시아에서 소비되며 서양에서는 그나마 이탈리아만 파스타를 먹는 정도다. 그렇다면 이탈리아의 파스타는 어디서 왔을까? 이전까지는 마르코 폴로가 중국의 국수를 이탈리아에 가지고 돌아가면서 파스타가 시작되었 다는 설이 통용되고 있었으나 그보다 훨씬 이전인 9세기 초 무슬 림들이 시칠리아섬을 침략할 때 본인들의 국수를 가지고 들어갔 다는 기록이 발견되면서 '파스타의 시작은 아랍 문화의 영향'이라 는 설이 지금은 더 힘을 얻고 있다.

재미있는 것은 현재의 아랍 문화권에서는 국수가 거의 사라졌다는 것. 그 와중에 거의 유일하게 아랍 문화권에 남아 있는 국수가 바로 쿠스쿠스다.

모로코, 튀니지 등 북아프리카 지역과 이 인근의 이스라엘, 레바논 등에서 주식으로 활용되는 쿠스쿠스는 듀럼밀을 굵게 빻아 '세몰리나'라는 형태로 만들고 이 세몰리나에 소금물을 더하면서 휘저어 일종의 알갱이를 만든 후 건조시킨 것인데 그 알갱이가 어찌나 작은지 얼핏 보면 좁쌀이나 조처럼 보인다. 따라서 쿠스쿠스를 국수라고 하는 것이 과연 타당한지에 대해서는 지금도 확신이 없다. 하지만 국수는 꼭 얇고 기다란 형태만을 뜻하는 것이 아니기에, 펜네도 마카로니도 모두 파스타이고 파스타는 바로 국수가 아니던가! 이에 파스타의 한 종류로서 쿠스쿠스에 대한 이야기를 해볼까 한다.

대략 7~8년 전 이탈리아의 한 마트에서 쿠스쿠스를 처음 보았을 때만 해도 '이건 웬 새 모이?' 하는 감상이었는데 일단 그렇게 쿠스쿠스의 존재를 알게 되자 이후 마트 매대에 놓인 쿠스쿠스가 한 번씩 눈에 들어왔다. 그때만 해도 한국에서는 쿠스쿠스를 쉬이 볼 수 없었고 주로 일본 마트에서 볼 수 있었기에 일본에서는 이미 많이들 먹는구나 싶기도 했는데 나의 이런 추측에 확신을 갖게 된 건 BJ들의 먹방이 유행하기 훨씬 이전부터 수준급 먹방을 선보여온 일드 〈고독한 미식가〉에 쿠스쿠스가 등장하는 회차가 있었기 때문이다.

이 드라마의 주인공 이노가시라 고로는 비싸거나 화려하거나 소문난 식당이 아닌, 그저 근방의 평범한 식당에서 일상적인 음식을 먹는 것으로 설정되어 있는데 여기에 쿠스쿠스가 등장했다는 건 쿠스쿠스가 이미 일본에서는 '저게 뭐지?' 할 정도의 생소한 음식이 아니라는, 일종의 증거처럼 느껴졌다.

일드에 딱히 관심이 없는 이들도 〈고독한 미식가〉는 한 번쯤 들어봤을 텐데(주인공이 한국에 출장을 온다는 콘셉트로 로케 촬영을 오기도 했다. 서울에서 돼지갈비, 전주에서 비빔밥, 부산에서 낙곱새까지 야무지게 먹고 갔다) 이 드라마의 플롯은 정말 단순하다. 주인공이 그날 일을 끝내고는 배가 고파져서 그 근처 식당에 들어가 음식을 주문하고 맛있게 먹는다-가 끝. 이 드라마는 매 회차가 각각의 이야기여서 딱히 이번 편을 보기 위해 전 편을 찾아

극 중에서 주인공은 쿠스쿠스를 '웃으면 안 되는 이 맛'이라고 표현했는데 이는 일본어 쿠스쿠스(くすくす)가 '키득키득' 정도의 웃음소리를 표현하는 의성어이기 때문이다. 일종의 언어유희! (사진 출처: 드라마 <고독한 미식가> 중)

보지 않아도 되고, 머리 아픈 줄거리랄 것도 없는 데다가 고정적인 등장인물도 주인공 딱 한 명뿐이라 아무 생각 없이 멍 때리며 보기에 좋다. 주인공은 늘 혼밥을 하는 인물이라 대사도 대부분은 독백이나 방백에, 그 내용은 음식에 대한 평범한 감상이 전부. 음식을 주제로 한 드라마나 만화에서 대개는 조리 과정이나 맛을 표현할 때 엄청난 과장을 곁들이는 것이 보통이라 이 드라마에서 보여주는 사실적인 감상은 되레 어색하기도 한데 실제로 주인공인 이노가시라 고로 역을 맡은 배우 마츠시게 유타카 또한 "이 드라마는 그저 아저씨가 밥 먹는 이야기일 뿐"이라고 말하기도 했다.

한때 나는 퇴근 후 혼자 끼니를 때우면서 곧잘 이 드라마를 보곤 했는데, 적막한 집에서 하루 일과를 마치고 지친 몸으로 밥을 먹을 때마다 이런저런 영상들을 틀어보고 100개가 넘는 TV 채널도 주르륵 다 돌려봤지만 〈고독한 미식가〉만큼 적절한 녀석을 발견하지는 못했다. 이미 먹방이란 게 특별할 것도 없는 세상에서 이 드라마가 시즌8까지 이어질 만큼 길게 사랑을 받고 있는 것은 아마도 이 드라마가 밀고 있는 주제가 아주 단순하면서도 누구나 공감할 만한 내용이기 때문일 것이다. 이 드라마의 주제는 오프닝 때마다 아주 직접적으로 언급된다.

시간과 사회에 얽매이지 않고 행복하게 공복을 채울 때, 잠시 동안 그는 제멋대로가 되어 자유로워진다. 누구에게도 방해받지 않고 의식하지 않고 음식을 먹는다는 고고한 행위. 이 행위야말로 현대인에게 평등하게 주어진 최고의 '힐링'이라 할 것이다.

아무튼 이 드라마에서 주인공이 모로코 음식점을 방문하는 에피소드가 있는데 이 편에 '채소 쿠스쿠스'가 등장한다. 세상에서 가장 작은 파스타로 불리며 모로코 음식의 대표격이자 모로코 그 자체로 꼽히기도 하는 쿠스쿠스. 하지만 이러한 상징성 때문에 도리어 쿠스쿠스는 아랍 문화를 비하하는 데 곧잘 호출되기도 한다. 이제는 고전이 된 라이너 파스빈더 감독의 영화 〈불안은 영혼을 잠식한다〉 속 쿠스쿠스가 대표적. 청소부로 근근이 삶을 이어가던 독일인 중년 여인 에미(브리기테 미라 분)와 불법 이민 노동자인 아랍계 청년 알리(엘 헤디 벤 살렘 분)는 서로의 외로움을 알아보고 사랑에 빠지지만, 이들의 사랑은 스무 살의 나이 차이와 인종 차이로 인해 이웃 사람들과 동료들, 출가한 후 에미에게 일절 관심을 주지 않았던 자식들에게까지 경멸과 분노의 대상이 된다.

　이 영화의 클라이막스라고 하면 주위의 편견에 위태로운 관계를 이어가던 둘이 결국 폭발하는 순간일 텐데 여기서 쿠스쿠스가 트리거의 역할을 톡톡히 한다. 알리가 고향인 모로코를 그리워하며 에미에게 쿠스쿠스를 요리해달라고 부탁하지만 에미는 독일에서는 그런 음식을 먹지 않는다고, 독일에서 사는 법에 좀 익숙해지라며 알리의 부탁, 사실은 알리의 정체성을 단칼에 거부하면서 둘의 관계가 파국으로 치닫기 때문이다.

　어떤 집단을 통틀어 말할 때 음식과 연관 짓는 일은 아주 흔하다. 이탈리아라고 하면 피자나 파스타가, 프랑스라고 하면 바게트가 연상되는 것은 자연스러운 일이지만 이러한 상징에 차별이나 비하의 의미가 속해 있을 때는 이야기가 달라진다. 한국인이라고 하면 마늘 냄새, 더 나아가 개고기와 연관 지어 야만인으로 보는 행위가 그렇고 동남아시아 사람들을 고수와 묶어 고약한 맛의 풀떼기를 먹는 양 깎아내리는 행위가 그렇다. 음식이란 때론 가장 이질적인 존재여서 타 문화권의 음식을 받아들이는 일이 생각만큼 쉽지 않기도, 굳이 그래야 할 이유를 못 느낄 수도 있기는 하지만

쿠스쿠스를 굳이 문화 차이나 인종 차이로까지 확대해석할 필요는 없을 수도 있다. 두 사람이 결합하는 과정에서 개인의 취향이 무시당했고, 이로 인해 관계가 파탄 나는 것으로 본다 해도 큰 무리는 없다. (사진 출처: 영화 <불안은 영혼을 잠식한다> 중)

내가 싫어한다고 해서 비열하게 굴지는 말자. 싫어해도 된다는 뜻이 비하해도 된다는 뜻과 같은 것은 결코 아니니까.

2019년 방영된 백종원의 <스트리트 푸드 파이터2> 시칠리아 편에도 쿠스쿠스가 나왔다. 북아프리카에서는 채소와 고기 위주의 쿠스쿠스를, 시칠리아는 섬의 특성을 살려 생선 위주의 쿠스쿠스를 먹는다는 설명이 붙기도 했다.

파스타

먹는 것이 바뀌면
많은 것이 달라진다

아주 오래전에 어떤 레스토랑에서 일했을 때의 이야기다. 첫 출근날, 매니저는 나에게 파스타와 스파게티의 차이를 아느냐고 물었다. 그러면서 "스파게티는 파스타의 여러 종류 중 하나"라고 했다. 아리송한 말이었지만 당시 그 말에 신경 쓸 겨를은 없었다.

여러모로 대단한 가게였다. 나도 이런저런 일을 많이 해봤고 이탈리안 레스토랑에서도, 일식집에서도 일해봤지만 이런 곳은 처음이었다. 차라리 눈코 뜰 새 없이 일이 바빠서 그럴 여유가 없었다면 모를까, 청소와 테이블 세팅 등 어지간히 할 일을 다한 뒤엔 보통 뒤에 들어가 궁둥이 붙이는 일 정도는 허용되는데 이 집은 손님이 없어 가게가 한가할 때도 '손님이 올지도 모르니까'라는 이유로, 군대도 다녀오지 않은 나에게 군기를 운운하며 물 한 모금 먹는 일을 못 하게 했다. 그게 아주 나쁘다는 생각은 하지 않았다. 본래 가게는 사장 마음대로 하는 거고 그러려고 가게를 내는 거니까. 다만 그게 그 가게 사장의 철학인지 매니저의 철학인지는 알 수 없었고 어쨌든 나랑은 맞지 않는 곳이었다. 인연은 금방 끊어졌다.

'스파게티는 파스타의 여러 종류 중 하나'라는 말은 그로부터 아주 오랜 시간이 지난 뒤에 불현듯 떠올랐다. 그때 그 말이 완전히 틀린 말은 아니지만 좀 더 정확히 하자면 파스타는 요리 이름이고, 스파게티는 파스타에 들어가는 재료 중 하나인 면의 이름이다. '스파게티'라는 이름의 면을 활용해 만든 파스타를 그냥 편의상 '스파게티'라고 부르는 것인데 요즘은 펜네파스타, 링귀니파스타 등 아예 메뉴에서부터 면 이름을 명시하는 경우가 늘면서 좀 더 명확해졌다.

그렇지만 스파게티라는 단어가 꼭 식탁 위에서만 쓰이는 것은 아니다. 구불구불하게 뒤엉켜 주렁주렁 매달린 것을 설명할 때도 스파게티가 곧잘 인용된다. 이는 스파게티가 꽤나 우리 삶 깊숙이 들어와 있음을 알려주는 증거가 아닐까?

스파게티 코드; 깔끔하게 정리하여 최적화하지 못하고 구구절절 줄줄이 짠 프로그램 코드. 스파게티 보울^{bowl} 효과; 국가 간의 자유무역협정이 늘면서 나라마다 규정과 절차가 달라 혼선을 빚고 이를 확인하는 데 시간과 노력이 더 들어가는 것. 각 나라 간의 협정 내용이나 관계가 스파게티처럼 얽혀 있다는 데서 유래한 말. 스파게티 증후군; 온갖 튜브와 호스에 연결된 채 과도한 연명 치료를 이어나가야만 하는 현실을 반영한 말. '인간은 과연 어떤 상태여야 살아 있는 상태인가'에 대한 의문과 더 나아가 존엄사, 안락사 관련 논란을 불러일으키고 있다.

자, 스파게티 이야기는 이쯤 해두고 이제는 파스타에 대한 이야기를 해보자. 파스타는 명실상부 이탈리아의 음식이다. 파스타가 없는 이탈리아는 상상할 수도 없지 않은가. 하지만 과거 이탈리아에서는 '파스타 추방운동^{L'abolizione della pastasciutta}'이라는 기막힌 움직임이 일어난 적도 있었다.

파스타 추방운동은 20세기 초 이탈리아에서 일어난 아방가르드 사조 중 하나인 미래주의^{Futurism}에서 주도했다. 미래주의는 현대화된 도시와 기계 문명의 속도감을 찬양하며 과거와 전통에서 탈피할 것을 주장한 급진적인 사조였다. 당시 이탈리아는 1차 세계대전 승전국이었음에도 불구하고 별 이득을 본 것도 없이 전쟁에 의한 피해만 막심했으며 다른 유럽 국가들에 비해 산업화도 늦어 상대적으로 낙후된 상태였다. 사정이 이렇다 보니 당시 이탈리아 사람들은 현실의 열등감을 과거 로마 시대의 찬란한 전통에 기대 정신승리를 하는 데 그치고 있는 상황이었는데 이에 미래주의의 수장이었던 마리네티는 과거와 완전히 결별하기 위해 미술관, 박물관, 도서관을 모두 없애야 한다는 다소 과격한 주장을 하더니, 1930년에는 삶을 통째로 바꾸기 위해서는 먹는 것부터 달라져야 한다며 《미래주의 요리책》을 발표하기에 이른다.

여기서 그는 전통을 강조하는 이탈리아의 요리 세계를 적폐로 간주, 그중에서도 이탈리아 사람들의 주식이었던 파스타를 퇴출할 것을 1순위 과제로 내세웠다. 전분이 바탕이 되는 음식은 입에서 침으로 대부분 소화가 되어야 하는데 파스타는 씹지 않고 삼키는 음식이라 입에서 소화가 되지 않고 그대로 넘어가는 바람에 췌장과 간이 소화를 맡게 되고, 이로 인해 장기 간의 균형이 깨지며

《미래주의 요리책》원서 표지

파스타 먹는 것이 바뀌면 많은 것이 달라진다

사람들이 노곤함, 비관주의, 무력감에 시달리게 된다며 파스타가 이탈리아의 발전을 방해하고 있다고 썰을 풀었다. 그러면서 파스타를 대체할 몇 가지의 요리를 제안하고 그 요리들을 맛볼 수 있는 레스토랑을 열기도 했는데 대체 요리들은 '볼 베어링을 넣은 닭고기 요리' 같은 것들이다. 혹시? 하고 있다면 역시다. '볼 베어링'은 미래지향적인 기계 문명을 '맛'보게끔 하기 위해 특별히 추가된 재료다.

볼 베어링을 직접 맛보라고 한 건 너무 나갔지만 《미래주의 요리책》이 '먹는 음식이 달라지면 나라가 부강해질 수 있다'는 믿음에서 비롯된 것임은 분명하다. 이런 믿음은 과연 근거가 있을까? 정말 이런 일이 가능할까? 일단 의도적으로 다수의 식습관을 바꾸는 일이 가능할까? 이런 일이 실제로 성공한 곳이 있다. 바로 이웃 나라 일본이다.

일본 음식이라고 하면 일단 스시부터 떠오르긴 하지만 정작 내가 일본에 머무르는 동안 자주 사 먹은 것들은 대개 돈가츠, 카레라이스, 오므라이스 같은 것들이었다. 이런 음식의 특징은 '일본에서 개발한 서양식 요리'라는 점인데 이런 음식들을 통틀어 일본에서는 '요쇼쿠'라고 한다. 한국식으로 표현하자면 '경양식' 정도 될 텐데 일본에 '요쇼쿠'가 많은 것은 우연이 아니다.

메이지유신을 계기로 근대화를 시작한 일본은 일단 서양인들의 체격에 압도당했는데 이것이 식습관의 차이에서 비롯되었다고 생각했다. 이에 서양인들처럼 고기를 주식으로 하면 본인들도 그렇게 될 수 있을 것이라 생각, 국가적으로 육식을 적극 권장하기에 이른다. 하지만 일본은 과거 천황의 명령으로 무려 1,200년 동안 네 발 달린 포유류를 먹을 수 없었던 나라였고 오래도록 밥을 주식으로 해왔기 때문에 하루아침에 이런 식습관을 바꿀 수는 없었으리라. 그래서였을까, 밥을 중시하는 일본인들의 성향에 따라 일본에서는 서양식 요리들이 대개 밥과 함께 먹을 수 있는 스타일로 응용된다. 얇게 부친 달걀옷 안에 볶음밥을 채워 넣어 프랑스의 '오믈렛'을 '오므라이스'로 만들고 독일의 슈니첼이 원형인 돈가츠에도 감자튀김 대신 쌀밥과 미소장국을 곁들이는 식으로 말이다.

특히 일본군은 영국 해군을 롤모델로 삼아 많은 부분을 따라했는데 당시 영국 해군들의 식단에서 빠지지 않던 것이 카레였다고 한다. 하지만 영국 해군들이 먹던 카레는 스프나 스튜에 가까운 형태였고 일본 스타일은 아니었기에 이를 빵 대신 밥과 함께 먹을 수 있도록 걸쭉한 스타일로 변형한 것이 카레라이스, 비슷한 스타일로 비프스튜를 응용한 것은 하야시라이스(한국에서는 하이라이스로 통함)라고 알려져 있다. 전략적으로 군에 보급했던 음식인 카레라이스와 하야시라이스는 전쟁이 끝난 후 군인들이 고향으로 돌아가면서 일본 전역에 자연스레 퍼졌고 이후 카레라이스와 하야시라이스는 영국과도, 인도와도 다른 일본만의 길을 걷게 된다.

일본의 근대화는 흔히 '화혼양재(和魂洋才)'로 대표된다. '화혼'은 일본의 전통 정신을, '양재'는 서양의 기술을 의미하는 말이니 '화혼양재'는 일본의 전통 정신에 서양의 기술을 더한다는 뜻으로 볼 수 있다. 비슷한 시기, 조선에서는 온건 개화파들이 동양의 도덕(정신)은 그대로 유지한 채 서양의 기술을 받아들여 부국강병을 이룩하자는 이른바 '동도서기(東道西器)' 사상을 내세웠다. 의미만 놓고 보면 이 둘은 비슷해 보이지만 결과적으로 일본의 '화혼양재'는 성공했고 조선의 '동도서기'는 실패했다. 그 이유에 대해서는 학자들마다 생각하는 바가 달라 내가 단정적으로 이야기할 수는 없지만, 내 생각에 일본의 '화혼양재'는 진정한 의미에서의 '화혼양재'는 아니었던 것 같다. 말로는 '일본의 전통 정신에 서양의 기술을 더한다'고 했지만 사실 사람은 먹는 것이 바뀌면 자연히 생각, 정신적인 부분도 바뀌게 되어 있다. 오래도록 육식을 하지 않아 정결했던 일본의 정신이 더럽혀질 것에 반발해 육식을 권장한 당시 천황을 암살하려는 적극적인 시도까지 있었던 것을 보면, 먹는 것이 달라지면 정신도 달라진다는 것을 일본인들은 이미 알고 있었고 이를 알면서도 대세에 따라 받아들였던 게 아닐까 싶다. 그에 반해 조선의 '동도서기'는 정신적인 영역에서는 동양의 것을 고수하면서 서양의 기술만을 받아들이려는 쪽에 가까웠는데, 기술과 정신을 명확히 분리할 수 있다고 생각한 것에서부터 이미 실패는 예견된 일이 아니었을까.

만약 미래주의의 파스타 추방운동이 성공했다면 지금 이탈리아는 어떤 모습이 되었을까? 그건 잘 알 수 없지만 애당초 파스타 추방운동은 성공할 수 없는 일이었다. 파스타를 추방해야 한다고 그토록 부르짖었던 미래주의의 수장 마리네티조차 몰래 파스타를 먹다 들켜 신문에 대서특필되는 수모를 겪었으니까. 부국강병 이전에 일단 맛있는 것은 참기가 어려우므로!

몰래 먹은 파스타 한 접시로 당시 신문 1면을 장식한 마리네티. 본인은 이 사진은 합성
사진이며 음해라고 주장했지만 아무도 이를 믿지 않았다.

짜장면

어른 노릇의
버거움에 대하여

다른 학교는 어땠는지 모르겠는데, 내가 다닌 학교는 "새내기는 3월 한 달 동안 밥값이 0원"이라는 전통이 있었다. 2월에 진행되는 OT와 새터에서 선배들이 주는 술을 마시면서 선배들의 연락처를 최대한 많이 알아내놓고 3월에 "밥 사주세요"라고 연락을 하면 본인상(喪)이 아니고서는 거절할 수 없다는, 그리하여 3월 한 달 동안 새내기들의 점심은 무조건 선배들이 사주는 것이 일종의 불문율처럼 되어 있었다.

뭐가 먹고 싶은지 의견을 구하는 선배들도 있기야 했지만 그래봐야 갓 학교에 들어온 햇병아리들이 학교 근처에서 사 먹을 수 있는 음식에 뭐가 있는지, 맛있는 식당은 어디인지 등을 제대로 알기는 어려웠다. 그때는 지금처럼 맛집 정보가 많지도 않았고, 그나마도 구전으로 전해지는 수준에 스마트폰 따위는 상상 속에도 없던 물건이었으니까. 대개는 돈을 내는 사람이 메뉴를 정하는 게 상식적이기 때문에 선배들이 사주는 대로, 나의 취향과는 무관하게 감지덕지하며 먹는 경우가 많았다. 얻어먹는 주제에 까탈스럽게 구는 것도 이상하지만 내 취향을 뭉개가면서까지 반드시 남의 지갑을 열게 만든다는 것도 그에 못지않게 이상한 일인데 그때는 이런 생각까지는 못 했던 것 같다. 다만 밥을 같이 먹는다는 것은 그 사람에 대해 약간은 알게 되는 일이어서 그 선배가 어떤 사람인지, 이후 가까이 지내게 될 것 같은지 혹은 두 번 다시 말 섞을 일이 없을 것 같다든지 하는 식으로 이후의 인간관계에 대해 대강의 노선을 결정할 수 있게 하기도 했다.

여러 측면에서 짜장면만큼 만만한 음식이 없었기 때문인지 꽃샘추위가 완전히 가시지도 않은 이른 봄, '캠퍼스의 낭만'은 잔디밭에서 짜장면을 먹는 것으로 시작되었다. 칼바람에 추워 죽겠는데, 잔디는 아직도 누렇기만 한데, 선배들은 꼭 신입생들을 잔디밭에 불러 앉혀놓고 학교와 동일한 이름을 단 XX반점에서 짜장면을 배달시켰다. 여기 OO관 앞 잔디밭인데 짜장면 열 그릇 갖다주세요 같은 유의 주문이었다. 전 추우니까 들어가서 먹을게요, 전 바닥에 앉기 싫으니 벤치에서 먹을게요, 전 짜장면 대신 볶음밥이요 같은 것은 일절 통하지 않았다. 전 지금 수업이 있어서 못 먹을 것 같아요 정도만 가끔 통했다. 그나마도 "그냥 수업 째! 이미 배달 시켰어!" 같은 대답이 돌아올 때가 더 많았지만.

문제는 이런 식으로 주문을 하는 학생들이 한둘이 아니다 보니 배달이 늦어지는 일은 당연지사였다는 점. 다시 전화를 걸어 시킨 지 한참 됐는데 언제와요?라고 하면 수화기 너머의 답은 늘 정해져 있었다. "지금 출발했어요." 한번은 배달을 시키려고 전화했는데 "지금 출발했어요"라는 답을 들은 적도 있었다. 아직 시키지도 않았는데 뭘 줄 알고 출발했다는 거예요?라고 하자 돌아온 답은 더 가관. 뭔지는 모르지만 아무튼 출발했다고요.

그렇게 배달로 먹고사는 중국집도 있었지만 배달은 하지 않는, 중국집보다는 중식당이라는 칭호가 더 어울릴법한 집도 학교 앞에 한 곳 있었다. 이 집은 자체개발한 개성적인 메뉴가 인상적인 집이었는데 사천식 고추기름을 활용해 매콤한 맛이 나는 빨간짜장과 원재료가 뭔지 자세히 알 수는 없지만 중국 본토에서 공수해 온 특제 장과 여러 비법 재료로 만들었다는 구수한 맛의 노란짜장(황장이라는 이야기도 있었고 노란 파프리카라는 이야기도 있었지만 진실은 그 누구도 모른다), 탈리아텔레마냥 납작한 면을 활용해 파스타 느낌이 물씬 나는 납작짜장 등 다른 곳에서는 듣도 보도 못한 짜장면들이 특히 인기였다. 내내 지방에 살다가 입학하며 처음 서울에 온 친구들은 "서울은 지방이랑 짜장면도 다르네"라고 했지만 내내 서울에 살던 나조차도 이런 짜장은 처음 보는 것들이어서 상당히 독특한 집이구나 하고 생각했었다.

당시 룸 하나를 차지한 채 동그란 테이블에 앉아 요리를 사주던 선배들은 정말이지 어른 같았다. 요리라고 해봐야 탕수육, 큰맘 먹은 날엔 깐풍기 정도였지만 지금 생각해보면 기껏해야 나보다 고작 몇 살 많은, 정말 많아봐야 20대 중반 정도의 애들이었는데 어디서 그렇게 많은 돈이 났는지 모르겠다. 항간에는 3월을 대비해 겨울방학 동안 알바를 뛰어야 한다는 말도 있을 정도였다. 그 시절에는 한두 살 많다는 점이 엄청나게 큰 감투이기는 했지만 그래도 따져보면 어린애들이 아닌가. 어린애들이 어른 노릇하느라 버겁지는 않았을까. 내가 선배가 되고서 나 역시도 3월마다 엄청난 돈을 썼는데 그때 어느 정도 수준으로 힘겨웠는지는 기억이 잘 나지 않는다. 어차피 3월이 아니어도 내 인생에 있어 알바는 계속 하는 것이었고 덕분에 적더라도 지속적인 수입은 있었으니 그닥 많이 어렵지는 않았던 것 같지만 그것도 확실한 기억은 아니다. 다만 "배고프면, 물어볼 거 있으면 언제든지 연락해!"라던 어린 어른들의 모습은 여전히 생생하다.

대학 친구는 머리가 크고 만난 사람들이라 개인적이고 이기적이라고, 진짜 평생 갈 친구는 중고등학교 시절에 만들어진다는 이야기를 꽤 많은 사람들이 하곤 한다. 하지만 내가 이날까지 와보니 내 경우 오래가는 사람들은 대개 대학에서 만난 사람들이다. 선배와 후배, 전공을 떠나 이제는 그저 친구가 된 사람들. 매일매일 연락하지는 못하지만 1년에 한 번이라도 얼굴을 마주하며 지속적으로 만남을 이어오는 관계는 다 대학에서 만난 사람들이다. 뜬금없이 연락해도 별 의심 없이 잘 지내냐며 반색해주고, 내가 책이랍시고 시답잖은 결과물을 낼 때마다 책을 잘 읽진 않지만 라면 먹을 때 냄비받침으로라도 쓰겠다며 선뜻 팔아주는 친구들 또한 그렇다. ('친구'라고 하면 왠지 반드시 나이가 동갑이어야 할 것 같은 생각이 들지만 그렇다고 해서 그들을 '아는 언니', '친한 동생' 이런 식으로 멀리 두고 부르고 싶지는 않다.)

시간은 정직하게 흘러 많은 것이 변했다. 뭔지는 모르지만 아무튼 출발했다고 답했던 XX반점은 진작에 사라졌다. 독특한 색깔의 짜장면을 내던 집은 여전히 남아 있기는 하나 빨간짜장, 노란짜장 등의 메뉴는 없어진 지 오래다. 나 역시도 그 시절 짜장면을 먹으며 나눴던 이야기들이 어떤 것들이었는지 이제는 기억하지 못한다. 하지만 그때 그렇게 친해진 사람들은 여전히 내 곁에 남았다.

어린 어른들의 모습은

여전히 생생하다.

면 대신 면:
그럼에도 면에 진심입니다

이쯤에서, 아니 어쩌면 훨씬 진작 눈치 채셨겠지만, 난 면을 정말 좋아하는 사람이다. 저탄고지를 기조로 한 케톤 다이어트가 유행할 때도, 전 세계적으로 글루텐 프리 열풍이 불었을 때도 이런 트렌드를 가뿐히 무시할 만큼 면을 좋아하는 사람. 하지만 임신을 하고 임신성 당뇨 진단을 받으며 나의 '면식' 생활에 엄청난 제약이 생겼다.

임신성 당뇨의 경우 "출산하고 나면 다 없어져", "임신하면 다 그래"라고 가볍게 이야기되는 면이 없잖아 있지만 산모가 당 수치 조절이 잘 되지 않으면 산모 본인에게도 태아에게도 위험할 수 있다. 따라서 임신성 당뇨 진단을 받은 경우엔 당뇨 환자에 준하는 수준의 식이요법과 운동이 필요한데, 그럼에도 당 수치 조절이 안

될 경우에는 인슐린 처방을 받기도 한다.

내 경우는 식이요법으로 잘 조절이 되는 편이기는 했지만 여기서 말하는 식이요법이라는 것은 결국 탄수화물 제한과 같은 말이었으므로 애로사항이 많았다. 탄수화물 제한은 다시 말해 면식 금지라는 소리였는데 내가 워낙 면을 좋아하기도 했지만 간단하게 후딱 한 그릇으로 먹어치우기에 면만 한 것이 없었기에 불편함이 이만저만이 아니었다. 부엌에서 이것저것 반찬 만들고 밥하고 국을 끓이는 일, 또 그만큼 쏟아져 나오는 설거지들은 무거운 몸의 임산부에게는 중노동에 가까웠으므로.

통밀 면이나 메밀 면 등이 일반적인 밀가루 면보다는 낫다고들 하지만 그것도 결국은 곡류를 빻아 만든 것들, 탄수화물 덩어리여서 당 수치 조절이 필요한 상황에서는 적절한 음식이 아니었다. 알게 모르게 당뇨를 앓고 있는 사람들은 생각보다 많고, 관련해서 카페도 제법 큰 규모로 운영되고 있어 남들은 대체 뭘 어떻게 먹고 사나 싶어 곁눈질해보니 "세상에 못 먹을 음식은 없다. 그만큼 움직이고 운동을 한다면!"이라는 마인드로 당뇨와 함께 그럭저럭 적당히 먹으면서 살아가는 분들도 많이 계셨지만(냉면 한 그릇을 위해 왕복 10킬로미터 자전거를 탄다는 분이 계셔 정말이지 감동하고 말았다) 이 또한 전염병 시대의 임산부에게는 힘든 일이었다.

결국 내가 찾은 방법은 탄수화물 덩어리인 면을 대체할 수 있는 식재료를 찾고 그와 궁합이 맞는 조리법을 발굴하는 것이었다. 그리고 이런 '대체 면식' 생활을 몇 달간 유지해보니, 여태까지 내가 좋아해온 것은 밀가루가 아니라 면의 식감과 비교적 간단한 조리법, 그리고 적은 양의 설거지였던 것 같기도 하다는 생각이 들었다.

흔히 당뇨를 생활습관 병, 너무 잘 먹어서 생긴 현대인의 병으로 이야기하지만 이렇게 얘기하면 '내가 뭘 얼마나 잘못된 생활을 했기에?', '내가 먹어봤자 뭘 얼마나 먹었다고?' 싶어지는 부분이 분명 있다. 한국인은 대체적으로 서양인보다 덜 먹고 덜 비만임에도 당뇨를 앓는 경우는 더 많다. 한국인은 췌장이 작고 그만큼 인슐린 분비량이 적어서 그렇다는 연구 결과가 있는 것으로 보아 어느 정도는 타고난다는 소리일 수도 있겠다. 딱히 운명론을 좋아하진 않지만 사실이 그러니까 내가 뭘 그렇게 잘못 살았다는 건지 하며 심하게 자책할 필요는 없을 것 같다. 건강을 위해 가끔은 대체 면을 활용한 색다른 면식을 즐겨보자.

주키니호박

'돼지호박'으로 불리며 애호박에 비해 천대받던 녀석이 언젠가부터 '주키니호박'이라는 그럴싸한 이름을 달기 시작했다. 스파이럴라이저 혹은 회전 채칼이라 불리는 도구가 있으면 주키니호박 등 여러 야채를 슥슥 돌려 면처럼 깎을 수 있다. (단, 애호박은 주키니호박에 비해 조직감의 단단함이 덜해 길게 깎기가 어렵기도 하고 식감도 좀 떨어진다.) 이렇게 깎아낸 주키니호박 면은 볶음면 요리, 그중에서도 파스타로 만들었을 때 베스트였다. 파스타에 넣기 전에 미리 데치거나 하는 과정이 필요 없어 '원 팬 파스타'가 가능하다는 점도 장점.

가지

스파이럴라이저를 이용해 깎아낸 주키니호박 면이 가늘고 긴, 전형적인 국수 타입이라면 가지는 얇게 썰어 라자냐 스타일로 활용하기 좋다. 얇게 썬 가지를 깔고 시판 파스타 소스를 바르고 치즈를 뿌리고 그 위에 또 가지를 올리고 하는 식으로 층층이 쌓아 구워 만든 가지라자냐는 밀가루로 만든 라자냐 못지않게 제법 쫄깃한 식감을 낸다. 면 요리는 아니지만 비슷한 방식으로 밀가루로 만든 도우 대신 가지를 도우로 활용한 가지피자도 가능하다. 내 경우 파스타 소스를 활용할 때, 토마토 소스보다는 조금이나마 더 고소한 맛을 낼 수 있는 크림 소스가 더 맛이 좋았다.

곤약

　찬물에 씻어서 체에 밭치기만 하면 준비 완료. 차가운 면 요리에 잘 어울린다. 시판 콩물을 한 컵 부어서 콩국수로 먹거나 시판 냉면 육수를 부어 냉면으로 먹었을 때 궁합이 좋았다. 유사한 느낌으로는 천사채나 우뭇가사리로 만든 면도 있다.

면두부

몇 년 전만 해도 포두부를 직접 가늘게 썰어서 면두부를 만들어야 했지만 요즘은 아예 면두부가 제품으로 나오고 있어 훨씬 편리해졌다. 면두부는 사람에 따라 한 번 데쳐서 사용하기도 하지만 나는 그냥 물에 한 번 헹구기만 하는데 특유의 냄새가 난다거나 하지 않고 괜찮다. 면두부는 좀 동양적인 조리법에 잘 어울린달까. 볶음면 요리 중에선 파스타보단 굴 소스가 들어가는 팟타이 등에 더 잘 맞는다고 느꼈고 샤브샤브를 먹고 남은 국물에 칼국수 사리 대신 넣어도 좋았다.

1일
1면
식

一日一麺食

一日一麺食